Le Privilège du Trésor

pour le recouvrement de la contribution extraordinaire sur les Bénéfices de Guerre et la nouvelle réglementation de la loi du 10 Août 1922

Commentaire de la loi du 10 Août 1922

PAR

François VIEL

Docteur en Droit

Ancien Inspecteur-Adjoint de l'Enregistrement

Ancien Chargé de Cours libre à la Faculté de Droit de Lille

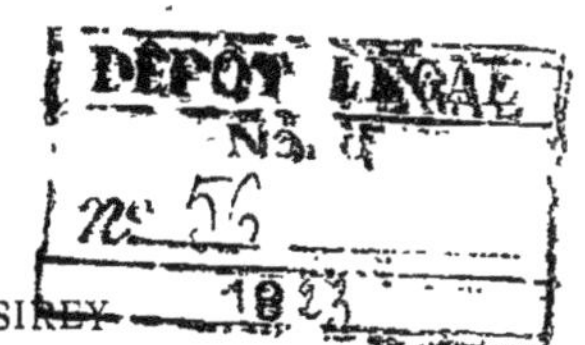

LIBRAIRIE DE LA SOCIETE DU RECUEIL SIREY

Léon Tenin, Directeur

22, Rue Soufflot, PARIS (Ve)

1922

DU MEME AUTEUR :

LES COMMERÇANTS & LE CONTROLE FISCAL

Prix : 1 fr. 50

En vente à la librairie de la Société du Recueil Sirey, 22, *rue Soufflot, Paris*,

et dans les bureaux de la Revue Fiscale des Régions Libérées, 3, *boulevard de la Liberté, Lille.*

LE PRIVILÈGE DU TRÉSOR
pour le recouvrement de la contribution sur les Bénéfices de guerre et la nouvelle réglementation de la loi du 10 Août 1922

EXPOSE PRELIMINAIRE

La loi du 10 Août 1922 qui modifie les conditions d'application du privilège accordé au Trésor pour le recouvrement de la contribution extraordinaire sur les bénéfices de guerre présente une grande importance non seulement pour tous les redevables actuels de cette contribution, mais encore pour tous ceux qui ont à traiter, soit comme contractants, soit comme intermédiaires, des opérations relatives à des immeubles, des fonds de commerce ou des navires, avec des personnes déjà imposées à la contribution extraordinaire ou même simplement susceptibles d'être taxées, en d'autres termes avec des débiteurs purement éventuels (1).

Pour bien saisir l'économie des dispositions assez complexes de la nouvelle loi, pour dégager nettement le système auquel s'est finalement arrêté, après bien des hésitations et des discussions, le législateur, il est indispensable de remonter à la source, de préciser l'origine et les caractères du privilège général attribué au Trésor par la loi du 25 Juin 1920 et dont la loi du 10 Août 1922 a pour objet de règlementer l'étendue et l'exercice. L'historique de la question et l'exposé des principes généraux qui régissent la matière constitueront le premier chapitre de notre commentaire. Nous étudierons ensuite et successivement la nature, l'étendue et les conditions d'application du privilège ; — les formalités à remplir par le Trésor ; — les mesures destinées à protéger les intérêts des tiers ; — les divers moyens mis à la disposition du redevable pour soustraire totalement ou partiellement certains de ses biens à l'exercice du privilège ; — les droits accordés au Trésor pour obtenir l'annulation des aliénations faites en fraude de ses droits.

(1) Dans la *Revue des Notaires* du 5 Octobre 1922, M. Pierre Bayart a publié un intéressant commentaire de la nouvelle loi.

Une remarque préliminaire est nécessaire : la loi du 10 Août 1922 ne s'applique qu'à quatre catégories de biens : les immeubles, les fonds de commerce ,les navires de mer et les bâtiments fluviaux de plus de 20 tonnes. Elle ne modifie en rien l'exercice du privilège du Trésor sur les meubles en général (meubles corporels, valeurs mobilières, etc...) : le privilège du Trésor s'exerce sur ceux-ci avant tous autres privilèges, à la seule exception du privilège pour frais de justice ; il s'applique notamment aux fruits civils des immeubles (loyers et fermages) jusqu'à la transcription du procès-verbal de saisie immobilière (1).

CHAPITRE I.

HISTORIQUE ET PRINCIPES GENERAUX

Pour assurer le recouvrement de la contribution extraordinaire sur les bénéfices de guerre, l'Administration ne disposait, à l'origine, que du privilège résultant de la loi du 12 novembre 1808 et portant « pour les impôts directs autres que l'impôt foncier sur tous les meubles et autres effets mobiliers appartenant aux redevables en quelque lieu qu'ils se trouvent. »

A raison de l'importance des sommes dues au Trésor par les redevables de la contribution de guerre dont le taux atteint jusqu'à 80 % des bénéfices pour la tranche dépassant 500.000 fr. et des longs délais souvent nécessaires tant pour établir la contribution que pour la faire rentrer dans les caisses de l'Etat, la loi du 25 Juin 1920 a édicté dans son article 20 les dispositions suivantes :

« Par dérogation aux dispositions du premier alinéa de l'article 16 de la loi du 1er Juillet 1916 instituant une contribution extraordinaire sur les bénéfices exceptionnels ou supplémentaires réalisés pendant la guerre, et de l'article 149 de la loi du 3 frimaire an VII, le délai à l'expiration duquel les percepteurs seront déchus de tout droit et de toute action envers les redevable de la dite contribution est porté à quinze ans à dater du jour de l'établissement du rôle.

« *Pour la dite contribution, le privilège du Trésor s'exerce pendant la même période sur tous les biens du contribuable.* »

La loi du 25 Juin 1920, en décidant que le privilège du Trésor s'exercerait, pendant 15 ans à partir de l'établissement du rôle, sur *tous* les biens du contribuable, a créé un privilège sur les immeubles tout en maintenant le privilège déjà existant sur les meubles.

Telle n'avait pas été tout d'abord l'intention du Gouvernement qui li-

(1) Voir notamment l'article de M. Jean Gélis dans la *Revue Fiscale des Régions libérées* d'Octobre 1922 sur le conflit du privilège du Trésor en matière de contribution sur les bénéfices de guerre, avec le privilège du créancier gagiste sur les meubles du débiteur.

mitait le privilège « aux meubles et revenus du contribuable » et c'est à un amendement voté sans discussion et sans une étude approfondie qu'est due son extension à *tous* les biens, donc aux immeubles. Le Parlement était loin de se douter qu'un simple mot apporterait un véritable trouble dans les opérations de prêts et dans les transactions immobilières. C'est pourtant ce qui s'est produit à raison du caractère occulte du privilège du Trésor : les prêteurs hypothécaires éventuels redoutaient de voir le Trésor s'approprier leur gage, les personnes disposées à acquérir craignaient de se voir un jour dépossédées par l'Etat créancier de leur vendeur.

L'exposé des motifs du projet gouvernemental qui est devenu la loi du 10 Août 1922 indique les raisons juridiques qui causaient une situation aussi incertaine et entravant les affaires. Il s'exprime ainsi :

Le privilège de la loi du 25 Juin 1920 est un privilège général qui s'ajoute aux privilèges énumérés par l'article 2101 du Code Civil avec le rang qui lui est propre. L'article 2104, relatif aux privilèges généraux sur les meubles et les immeubles, ainsi que l'article 2105, qui stipule que ces privilèges priment les privilèges spéciaux sur les immeubles lui sont applicables.

Il en résulte, en reprenant les termes par lesquels l'article 2095 du code civil définit la notion du privilège, que la qualité de la créance, à titre de contribution extraordinaire, donne au Trésor le droit d'être préféré à tous les autres créanciers, même hypothécaires. La créance du Trésor vient donc sur tous les revenus des contribuables, quels qu'ils soient et sur tous leurs biens meubles ou immeubles immédiatement après celle des frais de justice.

La loi n'a subordonné la conservation de ce privilège et l'ordre dans lequel il s'exerce à l'accomplissement d'aucune formalité. Par conséquent, le privilège subsiste et est opposable aux tiers sans qu'il soit nécessaire de le faire inscrire sur les registres des conservateurs des hypothèques.

En effet, ainsi qu'il résulte de l'exposé qui précède, le privilège général de la contribution extraordinaire doit être entièrement assimilé en ce qui concerne les immeubles aux privilèges généraux de l'article 2101 du code civil. Or, l'article 2107 dispense d'inscription les créances de l'article 2101. On doit également décider que le privilège de la contribution extraordinaire est dispensé d'inscription, cet article s'appliquant, en effet, aussi bien aux créances de l'article 2101 qu'à celles pourvues, depuis la promulgation du Code civil, d'un semblable privilège général sur les immeubles.

Lorsque les lois spéciales prévues en l'article 2098 ont voulu soumettre les privilèges généraux qu'elles accordent au Trésor à la formalité de l'inscription, elles l'ont expressément déclaré et ont fixé les délais dans lesquels l'inscription devait être effectuée. La loi du 25 Juin n'a pas prévu cette formalité pour le privilège de la contribution extraordinaire qu'elle a étendu aux immeubles.

L'article 2106 du code civil décide, il est vrai, qu'entre les créanciers, les privilèges ne produisent effet à l'égard des immeubles qu'autant qu'ils sont rendus publics par l'inscription ; mais cette règle ne concerne que les créances privilégiées « soumises à l'inscription » dit l'article 2101 et les autres créances de même nature qui doivent être inscrites pour être conservées vis-à-vis de l'acquéreur, mais qui, non inscrites, jouissent néanmoins de leur privilège dans un ordre ouvert sur le prix de l'immeuble.

Le privilège général du Trésor en matière de contribution extraordinaire sur les bénéfices de guerre est donc un privilège occulte.

Les périls que présente cet état de chose ont été signalés à maintes reprises depuis quelque temps. Ils sont d'autant plus marqués que, dans la législation de la contribution extraordinaire, l'imposition demeure soigneusement cachée et que le secret en est protégé par des sanctions sévères.

Il n'est pas douteux que les prêteurs sur hypothèques traitant avec des redevables de l'impôt ou même avec des contribuables éventuels dont ils ne peuvent pas soupçonner la qualité, s'exposent à être dépossédés par le Trésor d'un gage qu'ils avaient cru certain.

C'est ainsi que des contribuables malhonnêtes pourraient parvenir à faire acquitter par des tiers des impôts dont ils sont résolus à esquiver le payement à tout prix.

Le danger a paru tel que le Crédit foncier de France a menacé de suspendre ses prêts, et que les notaires, dont la responsabilité en matière d'hypothèques est particulièrement lourde, hésitent à s'exposer aux risques que comporte pour eux l'existence d'un privilège occulte garantissant des créances toujours importantes et qui se chiffrent couramment par centaines de mille et millions de francs.

En résumé, les inconvénients du privilège sur les immeubles instauré par la loi de 1920 provenaient principalement de ce que ce privilège dispensé d'inscription, donc inconnu des tiers, primait tout d'abord l'hypothèque du prêteur inscrite après la mise en vigueur de la loi du 25 Juin 1920. Mais, à côté de ce risque certain qui atteignait le prêteur, on pouvait craindre que l'Administration émît la prétention d'opposer également son privilège à l'acquéreur de l'immeuble d'un redevable de la contribution, lorsque l'acquisition était postérieure à la loi du 25 Juin 1920.

Sans doute, la jurisprudence décide que les privilèges généraux ne permettent d'exercer le droit de suite sur les immeubles passés aux mains de tiers que si, au préalable, le privilège a été inscrit sur ces immeubles (arg. art. 2113 du C. Civ.) ; mais, néanmoins, à raison de la nature tout à fait spéciale du privilège du Trésor, un doute subsistait qui paralysait les transactions.

La loi du 10 Août 1922 a donc pour but principal de règlementer l'exercice du privilège concédé au Trésor de telle manière que les tiers — prêteurs ou acquéreurs — sachent exactement s'ils peuvent prêter ou acquérir sans courir le risque de se voir dépossédés par l'Etat de leur gage ou de la propriété du bien acquis. En assurant la sécurité des tiers qui contractent avec les débiteurs de la contribution extraordinaire, elle rend à ces derniers la possibilité d'emprunter et de vendre qui, en fait, n'existait plus pour eux, surtout lorsqu'il s'agissait d'entreprises d'importance restreinte ou dont la solidité n'était pas considérée comme incontestable.

Mais la nouvelle loi n'a pas cependant sacrifié les intérêts du Trésor : sauf en ce qui concerne le classement du privilège du fisc, qui sera primé par les privilèges des art. 2101 et 2103 du C. Civ. et 191 du C. de Com., elle maintient, en réalité, tous les avantages résultant de la disposition de la loi du 25 Juin 1920, si l'Etat procède, dans les délais qu'elle fixe, aux formalités destinées à renseigner les tiers.

Pour arriver à ce double résultat — suppression du caractère occulte du privilège et sauvegarde des droits du Trésor — le législateur a organisé un système compliqué, nécessitant de nombreuses formalités, entraînant des inscriptions sur les immeubles, les fonds de commerce, les navires de tous les redevables de la contribution ou même des personnes dont il y a lieu de supposer qu'elles sont passibles de l'impôt extraordinaire sans que, cependant, les commissions aient statué sur leur cas. On peut se demander, au premier abord, si, en voulant corriger les inconvénients que nous avons signalés, et qui ne touchaient qu'un nombre restreint d'individus, la règlementation adoptée n'aboutit pas à léser un bien plus grand nombre de personnes en les soumettant à des formalités inutiles et en grevant leurs biens d'hypothèques sans motif lorsqu'elles sont solvables et ont pris leurs dispositions pour acquitter en temps voulu leur dette vis-à-vis de l'Etat.

Tout en reconnaissant que cette critique contient une part de vérité, il y a lieu de tenir compte cependant de ce que la loi du 10 Août 1922 met un terme au régime d'incertitude et d'insécurité qui pesait sur les transactions conclues ou projetées avec des personnes passibles de la contribution extraordinaire ou susceptibles de l'être. L'activité commerciale et industrielle est gênée par les formalités qui retardent et compliquent les affaires. mais elle l'est plus encore — ou plutôt elle est paralysée — par les risques de perte impossibles à connaître d'avance que peut cacher une opération.

Au surplus, il est sans utilité maintenant de discuter les mérites ou les défauts de la nouvelle législation. Il faut essayer de tirer le meilleur parti de ses dispositions et, pour cela, un examen approfondi est nécessaire, car, comme nous l'avons déjà indiqué, le système qu'elle organise est assez compliqué à raison des formalités qu'il nécessite.

Nous les examinerons successivement dans les chapitres qui suivent.

Mais, il est utile, au préalable,de dégager les principes directeurs de la nouvelle règlementation. Ceux-ci sont au nombre de deux :

1° le premier s'applique aux contribuables reconnus débiteurs de la contribution extraordinaire pour des sommes comprises dans des rôles mis en recouvrement : si l'Etat inscrit son privilège dans le délai prévu par la loi, cette inscription lui permettra d'exercer le droit de préférence, et le droit de suite dans les conditions que nous préciserons ci-après (chapitre II infra) ; à défaut d'inscription dans le délai légal, le privilège dégénère en une hypothèque ne prenant rang qu'à la date de son inscription ;

2° le second concerne les cas où l'Etat n'a pas pris inscription parce que l'existence d'un bénéfice de guerre taxable n'a pas été établie ou parce que le redevable a acquitté l'impôt qui lui a été demandé : tant que les délais accordés à l'Administration pour réclamer la contribution extraordinaire ne sont pas expirés, les biens de l'individu ou de la Société qui exerce un commerce, une industrie, sont susceptibles d'être atteints par le privilège du Trésor ; afin de garantir les tiers à qui ces biens seront cédés ou hypothéqués contre l'exercice ultérieur, et à leur préjudice, du privilège du Trésor, la loi prévoit une procédure de purge préventive qui jouera toutes les fois que les intérêts du fisc ne seront pas menacés et qui assurera la pleine sécurité de l'opération projetée.

A côté de ces deux règles essentielles, la loi nouvelle contient des dispositions destinées à compléter le système qu'elle organise, telles que le cantonnement du privilège sur certains immeubles du redevable, la possibilité, pour le contribuable, d'affranchir ses immeubles du privilège en fournissant d'autres garanties, etc...

CHAPITRE II

NATURE, ETENDUE et CONDITIONS d'APPLICATION du PRIVILEGE du TRESOR

Nous avons indiqué, dans notre premier chapitre, que l'Etat possède le droit de préférence et le droit de suite s'il a pris inscription de son privilège dans le délai prévu par la loi.

En effet, le droit accordé au Trésor par l'article 20 de la loi du 25 Juin 1920 et dénommé *privilège* ne vaut comme privilège vis-à-vis des tiers que s'il a été inscrit dans le délai légal. Telle est la conséquence qui résulte des dispositions des articles 1er et 3 de la loi du 10 Août 1922, ainsi conçus :

ARTICLE PREMIER. — *Le privilège général du Trésor pour le recouvrement de la contribution extraordinaire sur les bénéfices de guerre ne pourra s'exercer à l'égard des tiers ayant acquis postérieurement à la mise en vigueur de la loi du 25 Juin 1920 des droits de propriété ou d'usufruit, des privilèges, hypothèques ou autres droits réels sur les immeubles, les fonds de commerce, les navires construits ou en construction et les bâtiments de navigation intérieure de plus de vingt tonnes qu'à la condition d'avoir été rendu public par une inscription.*

....

ART. 3. — *L'inscription devra être opérée dans le délai de trois mois à partir de la promulgation de la présente loi en ce qui concerne les impositions comprises dans les rôles mis en recouvrement et dans les trois mois de la publication des rôles pour les titres à émettre jusqu'au 31 décembre 1925. A défaut d'inscription dans ce délai, le privilège du Trésor sur les biens du redevable énumérés à l'article 1er ne prendra rang, comme une hypothèque, qu'à partir de la date d'inscription.*

Ce texte a pour effet :

1° De confirmer l'existence d'un privilège du Trésor sur les immeubles, les fonds de commerce, les navires construits ou en construction et les bâtiments de navigation intérieure de plus de 20 tonnes ;

2° De subordonner l'exercice de ce privilège, à l'égard des tiers ayant acquis postérieurement à la mise en vigueur de la loi du 25 Juin 1920 des droits réels sur les biens susvisés, à la condition qu'il ait été inscrit dans le délai fixé par l'article 3 ;

3° A défaut d'inscription dans ce délai, de réduire le droit conféré au Trésor à la valeur d'une hypothèque qui ne prendra rang qu'à la date de l'inscription.

Ces trois points doivent être examinés successivement :

1er point. — *Le Trésor dispose d'un privilège.*

Que faut-il entendre par cette expression ? L'article 2095 du Code Civil définit le privilège « un droit que la qualité de la créance donne au créancier d'être préféré aux autres créanciers, même hypothécaires ».

L'attribut distinctif du privilège, c'est le droit de préférence dont jouit le créancier privilégié et qui lui permet, sur la réalisation des biens du débiteur, de primer les autres créanciers hypothécaires et chirographaires.

Entre créanciers privilégiés, l'ordre de préférence est réglé par la loi. L'article 6 de la loi du 10 Août 1922 modifie sur ce point l'article 20 de la loi du 25 Juin 1920. A la disposition de cet article aux termes de laquelle « le privilège du Trésor s'exercera avant tout autre », le nouveau texte ajoute « à l'exception des privilèges prévus par les articles 2101 et 2103 du Code Civil et 191 du Code de Commerce ».

Cette modification est justifiée. Comme l'a fait remarquer M. Raynaldy à la séance de la Chambre des Députés du 14 février dernier, les privilèges des articles 2101 et 2103 ont pour objet de garantir des dettes dont le paiement s'impose avant tout partage des bénéfices entre le commerçant ou l'industriel et l'Etat, devenu en fait son associé : privilèges des frais funéraires — des frais de dernière maladie — des salaires des gens de service — des fournitures de subsistances faites au débiteur et à sa famille — des frais médicaux, pharmaceutiques et funéraires dus à la victime de l'accident ou à ses ayants droit ; — privilège du vendeur — de ceux qui ont fourni les deniers pour l'acquisition d'un immeuble — des cohéritiers sur les immeubles de la succession pour la garantie du partage et des soultes, etc... Ces dettes ont été contractées pour des acquisitions, des travaux et services ou des fournitures qui ont servi à réaliser les bénéfices dont l'Etat réclame une part, ou elles ont un caractère particulièrement pressant : dans les deux cas, leur règlement s'impose avant tout prélèvement fiscal.

Désormais, alors que, en ce qui concerne les meubles, le privilège du Trésor continue à s'exercer au premier rang après les frais de justice, dans l'ordre ouvert sur le prix d'un immeuble, navire, fonds de commerce d'un débiteur de contribution extraordinaire sur les bénéfices de guerre, le classement des différentes créances s'effectuera comme suit :

1° Frais de justice (y compris les frais de poursuites) ;

2° Frais funéraires ;

3° Frais de dernière maladie ;

4° Frais de nourrice ;

5° Salaires des gens de service pour les gages d'une année échue et de l'année courante ; des commis pour les gages de six mois et des ouvriers pour les salaires de trois mois ;

6° Fournitures de subsistances au débiteur et à sa famille garanties pour six mois aux fournisseurs de gros et maîtres de pension et pour trois mois aux fournisseurs de détail ;

7° Créance de la victime de l'accident causé par le débiteur et des ayants droit de la victime pour frais médicaux, pharmaceutiques, funéraires et indemnité pour incapacité temporaire de travail

8° Frais en matière pénale à raison d'une condamnation criminelle correctionnelle ou de police ; (1)

9° Créance du vendeur de l'immeuble pour le prix non payé ;

10° Créance du tiers ayant fourni des deniers pour l'acquisition d'un immeuble, pourvu qu'il soit authentiquement constaté par l'acte d'emprunt que la somme était destinée à cet emploi et par la quittance du vendeur que ce paiement a été fait des deniers empruntés :

11° Créance des cohéritiers sur les immeubles de la succession pour la garantie des partages faits entre eux et des soultes ou retours de lots ;

12° Créance des architectes, entrepreneurs, maçons et autres ouvriers employés pour édifier, reconstruire ou réparer l'immeuble à la condition que l'état des lieux ait été constaté préalablement aux travaux par un expert nommé d'office par le Tribunal et que les ouvrages aient été reçus dans les six mois de leur exécution par un expert également nommé d'office ;

13° Créance du prêteur des deniers employés au remboursement des ouvriers à la condition que l'emploi soit authentiquement constaté par l'acte d'emprunt et par la quittance des ouvriers ;

14° Créances visées par l'article 191 du Code de Commerce pour droits de pilotage, remorquage, tonnage, etc... ; gages du gardien et frais de garde du bâtiment ; — gages et loyers de l'équipage ; — créances du vendeur du navire, etc..., à la condition que ces créances soient justifiées dans les formes prévues par l'article 192 du Code de Commerce :

15° Créance du Trésor à titre de contribution extraordinaire sur les bénéfices de guerre.

Indépendamment du droit de préférence qui s'exerce au rang que nous venons d'indiquer, le Trésor possède le droit de suite vis-à-vis des tiers acquéreurs des immeubles aliénés par le débiteur de la contribution extraordinaire depuis la mise en vigueur de la nouvelle loi. L'article 1er de cette loi, reproduit ci-dessus, stipule ,en effet, que le privilège du Trésor « s'exerce à l'égard des tiers ayant acquis des droits de propriété ou d'usufruit, postérieurement à la mise en vigueur de la loi du 25 juin 1920. »

A s'en tenir à ce texte, le droit de suite s'appliquerait à toutes les ventes consenties par le redevable depuis la promulgation de la loi du 25 juin 1920. Mais, pour protéger les acquéreurs qui ont traité avec le débiteur de l'impôt depuis le 25 Juin 1920, en se croyant à l'abri de tout risque en vertu de la jurisprudence qui refuse le droit de suite au créancier privilégié qui n'a pas inscrit son privilège, l'article 19 de la loi du 10 Août 1922

(1) La Circulaire de la Comptabilité publique du 10 Août 1922 fait remarquer que les frais d'une condamnation correctionnelle pour dissimulation de bénéfices de guerre ou pour les infractions à l'article 10 de la loi du 10 Août 1922 que nous commentons, viendraient avant la créance de contribution extraordinaire, au titre de frais en matière pénale.

décide que « en ce qui concerne les immeubles, navires et fonds vendus avant la promulgation de la présente loi, le privilège du Trésor ne sera point opposable aux acquéreurs de bonne foi. »

La situation du Trésor, au point de vue de l'exercice du droit de suite, peut donc être ainsi déterminée :

A. — Si la vente de l'immeuble, du fonds ou du navire par le redevable de la contribution à un tiers est postérieure à la mise en vigueur de la loi du 10 Août 1922, le Trésor peut exercer le droit de suite à l'égard de ce tiers ;

B. — Si la vente des mêmes biens a eu lieu entre la promulgation de la loi du 25 Juin 1920 et celle de la loi du 10 Août 1922, le droit de suite ne peut être opposé par le Trésor qu'aux acquéreurs de mauvaise foi. Les acquéreurs de bonne foi sont à l'abri de toute poursuite du fisc.

La preuve de la mauvaise foi du tiers est à la charge de l'Administration. La Circulaire de la Comptabilité publique du 10 Août 1922 précise que, dans cette hypothèse, le Trésor ne peut exercer son droit de suite qu'en démontrant la mauvaise foi de l'acquéreur.

2e point. — *Pour pouvoir exercer son privilège, le Trésor est tenu de le faire inscrire dans les délais fixés par l'article* 3 *de la loi.*

De la combinaison des articles 1 et 3 de la loi du 10 Août 1922, reproduits ci-dessus, il résulte que, pour pouvoir exercer son privilège, le Trésor doit le rendre public par une inscription prise dans les délais suivants :

A. — Si l'imposition est comprise dans les rôles mis en recouvrement au moment de la promulgation de la loi, dans le délai de trois mois à partir de cette promulgation :

B. — Si l'imposition a été portée sur les rôles depuis la promulgation de la loi du 10 Août ou si elle y est portée dans l'avenir, dans le délai de trois mois à partir de la publication du rôle.

L'inscription dans les délais que nous venons d'indiquer présente une importance considérable puisqu'elle est la condition de l'exercice des droits de préférence et de suite du Trésor.

Celui-ci ne serait pas fondé cependant, dans le but d'éviter des omissions, à procéder à des inscriptions anticipées. Les inscriptions ne peuvent être prises que lorsque la personne qui a réalisé des bénéfices passibles de la contribution extraordinaire est devenue redevable par le fait de l'émission du rôle la concernant. Ainsi que l'a constaté M. Guillier, rapporteur de la commission de législation civile et criminelle, à la séance du Sénat du 6 Juillet 1922, « s'il n'y a pas d'article du rôle impayé, l'inscription ne peut pas être prise. » (*Journal Officiel* du 7 Juillet 1922, Sénat, débats, p. 1108). C'est en ce sens, d'ailleurs, que se prononce la Circulaire de la Comptabilité publique du 10 Août 1922 (page 26).

Par contre, la circonstance que l'imposition fait l'objet d'un pourvoi devant la commission supérieure ou d'une demande en détaxe pour déficit d'exploitation ne modifie en rien les délais dans lesquels le privilège doit être inscrit.

Sauf en ce qui concerne les impositions déjà comprises dans les rôles au moment de la promulgation de la loi du 10 Août 1922, les inscriptions ne seront prises que dans l'avenir, pendant trois ans encore, puisque le délai extrême fixé par l'article 3 est la date du 31 Décembre 1925 qui pourrait même être dépassée d'après l'Administration, ainsi que nous aurons l'occasion de le constater plus loin. Les inscriptions prises en 1923, 1924, 1925, comporteront le droit pour l'Administration d'exercer son privilège à l'encontre des créanciers hypothécaires inscrits postérieurement à la mise en vigueur de la loi du 25 Juin 1920 et des acquéreurs dont l'acquisition aura eu lieu après le 11 Août 1922. Un acquéreur du 16 Août 1922 pourrait être obligé de faire abandon de l'immeuble acquis pour le paiement d'une contribution qui fera l'objet d'un rôle émis le 30 Septembre 1925 et pour la garantie de laquelle le Trésor aura pris inscription en Décembre 1925.

Les tiers qui projettent de faire un prêt à une personne susceptible d'être encore soumise à la contribution extraordinaire ou d'acquérir un immeuble appartenant à cette personne ne peuvent éviter le risque de se voir opposer le droit du Trésor qu'en faisant procéder à la purge préventive dont nous exposons les modalités à notre chapitre IV ci-après (1).

Il faut remarquer que ce risque existe non seulement lorsque le tiers se propose de traiter avec un industriel ou un commerçant qui n'a fait l'objet d'aucune imposition, mais aussi lorsque la partie avec laquelle on projette une affaire a déjà été taxée et a acquitté la contribution qui lui a été réclamée : ce redevable, actuellement en règle avec le Trésor, peut être assujetti demain à une imposition complémentaire, par suite d'omission, fraude, etc, et l'inscription prise dans les trois mois du rôle qui comprendra ce complément d'impôt jouira de tous les avantages réservés au privilège de l'Etat par le seul fait qu'il a été inscrit dans les délais prévus par l'article 3.

3e point. — *A défaut d'inscription dans les délais légaux, le privilège, suivant les expressions de l'article* 3, « *ne prendra rang comme une hypothèque, qu'à partir de la date d'inscription.* »

L'hypothèque ne prend rang, en effet, tant au point de vue du droit de suite qu'au point de vue du droit de préférence, que du jour de son inscription. D'où la conséquence que, faute d'avoir été inscrit dans les délais que fixe l'article 3, la créance de l'impôt perd son classement privilégié à l'égard des créanciers inscrits avant le Trésor sur les biens du débiteur.

---

(1) Cette purge préventive constitue un des deux points fondamentaux de la nouvelle réglementation. Voir page 5 supra, 2e.

Chapitre III

FORMALITES A REMPLIR PAR LE TRESOR POUR L'EXERCICE DE SON PRIVILEGE

I. — Inscriptions

Comme nous venons de le voir, l'inscription régulière de son privilège, dans les délais légaux, présente pour le Trésor une grande importance.

Mais l'Administration aurait été dans l'impossibilité de procéder, en temps voulu, à toutes les inscriptions destinées à garantir les impositions portées sur les rôles déjà émis et non acquittées si elle avait dû rechercher tous les immeubles, fonds de commerce et navires appartenant à ses débiteurs.

Pour obvier à cette impossibilité, le législateur a décidé que, à la demande des percepteurs, les redevables fourniraient à ceux-ci les renseignements destinés à leur faire connaître la situation et la nature de tous les biens susceptibles d'être grevés du privilège. Tel est l'objet de l'article 2 de la loi du 10 Août 1922 qui est ainsi conçu :

« Art. 2. — Sur la demande qui lui en sera faite par le percepteur par lettre recommandée avec avis de réception, le redevable devra fournir, dans un délai de quinze jours à compter de la date de l'avis de réception, une déclaration dans laquelle il fera connaître tous les immeubles et fonds de commerce dont il est propriétaire, avec l'indication précise de la situation de ces biens, tous les navires construits ou en construction et les bâtiments de navigation intérieure de plus de 20 tonnes qui sont sa propriété avec la désignation de chacun d'eux. Il devra faire connaître également tous les biens susvisés dont il était propriétaire au 25 Juin 1920 avec la désignation de leurs acquéreurs. »

L'obligation d'indiquer les ventes faites depuis le 25 Juin 1920 a pour objet de permettre à l'Administration, le cas échéant, d'exercer son droit de suite vis-à-vis de l'acquéreur de mauvaise foi ou de poursuivre la nullité de l'opération faite en fraude de ses droits.

En vue d'assurer l'exécution des prescriptions contenues dans l'article 2, l'article 10 de la même loi décide que les redevables qui n'auront pas répondu à la demande de renseignements du percepteur ou qui auront fourni des renseignements inexacts seront passibles d'un emprisonnement de trois mois à deux ans et d'une amende de 500 à 20.000 francs ou de l'une de ces deux peines seulement : les contrevenants pourront bénéficier des circonstances atténuantes. Ces peines seront prononcées par les tribunaux correctionnels.

L'Administration paraît, d'ailleurs, disposée à ne poursuivre en justice que les contrevenants dont la mauvaise volonté sera établie : c'est le motif pour lequel la Circulaire de la Comptabilité publique du 10 Août

1922 invite les comptables à ne pas mettre l'action publique en mouvement sans consulter, au préalable, l'Administration centrale (page 22).

En principe, l'inscription ne peut être prise que contre le redevable — possesseur d'entreprise particulière ou société. Toutefois, à raison de la responsabilité personnelle et solidaire des associés gérants dans les sociétés de personnes, la Circulaire de la Comptabilité publique du 10 Août 1922 prescrit aux percepteurs, au cas où les immeubles sociaux ne constituent pas un gage suffisant, de prendre inscription sur les biens personnels des co-associés lorsque le redevable est une société en nom collectif. Les biens des associés responsables, dans une société en commandite simple, peuvent également être grevés du privilège du Trésor.

Au contraire, le privilège du Trésor n'ayant pas été étendu aux biens personnels des héritiers du redevable décédé, l'inscription ne doit être prise, dans ce cas, que sur les biens de la succession, même après que ceux-ci ont fait l'objet d'un partage entre les successeurs.

L'inscription est reprise régulièrement sur les biens dépendant de la communauté existant entre le contribuable et son conjoint aussi bien que sur ceux dont le contribuable est seulement nu propriétaire ou usufruitier.

Pour éviter aux redevables les inconvénients d'inscriptions inutiles, la Circulaire du 10 Août 1922 prescrit aux percepteurs, dans le cas où la valeur des immeubles possédés par le débiteur du Trésor dépasse de beaucoup le montant des impositions restant dues, de ne prendre inscription que dans la ou les conservations des hypothèques où seraient situés des immeubles d'une valeur au moins double du montant des sommes à recouvrer.

L'inscription est requise régulièrement sur les biens dépendant de la hypothèques du lieu de la situation ; pour les fonds de commerce, au greffe du tribunal de commerce de la situation du fonds ; pour les navires de mer, à la recette principale des douanes du port d'immatricule ; pour les bâtiments de navigation fluviale, au greffe du tribunal de commerce du lieu d'immatriculation du bateau.

II — Radiations

Aux termes de l'article 18 de la loi du 10 Août 1922, « les conservateurs « des hypothèques, greffiers des tribunaux de commerce ou receveurs prin- « cipaux des douanes sont tenus... d'opérer les radiations totales ou par- « tielles de ces inscriptions au vu d'une attestation dont la forme sera déter- « minée par le Ministre des Finances. Cette attestation sera établie par le « percepteur et transmise par le trésorier-payeur général. »

Contrairement aux prescriptions de l'art. 2158 du Code civil et de l'art. 29 de la loi du 17 Mars 1909 qui exigent un acte authentique ou un jugement pour la radiation des inscriptions grevant les immeubles ou les fonds de commerce, la disposition de l'art. 18 décide qu'une attestation sans frais du percepteur suffira pour obtenir la radiation des inscriptions.

L'Administration a prescrit aux percepteurs de requérir de leur propre initiative la radiation des inscriptions lorsque le contribuable se sera intégralement libéré de la contribution mise à sa charge.

Au contraire, quand le redevable n'a acquitté qu'une partie de l'impôt, il lui appartient de demander la radiation pour une somme égale au montant de l'acompte versé.

Lorsqu'une imposition est annulée ou réduite par la commission supérieure, cette annulation ou cette réduction entraîne une annulation ou une réduction correspondante de l'inscription, que l'intéressé devrait réclamer si le percepteur ne l'opérait pas d'office. Une remise gracieuse des pénalités encourues par le redevable peut justifier également une radiation partielle de l'inscription.

Il y aura lieu également de réduire l'inscription lorsque le percepteur l'aura prise, par prudence, sur tous les biens susceptibles d'hypothèque du contribuable, alors que les immeubles de ce dernier, situés dans le ressort d'une seule conservation des hypothèques, ont une valeur au moins double du montant des sommes restant à recouvrer : mais ce cas est réglé par l'article 15 de la loi que nous commentons dans notre chapitre V.

III — Frais des formalités exigées par la loi.

Aux termes de l'article 20 de la loi du 10 Août 1922 « *tous les actes concernant les inscriptions, mainlevées ou radiations, faits en exécution de la présente loi, sont dispensés du timbre et enregistrés gratis.*

« *Ils sont dispensés, en outre, de la taxe hypothécaire édictée par les article* 2 *et* 3 *de la loi du* 27 *juillet* 1900, *modifiée par les articles* 4 *et* 5 *de la loi du* 30 *avril* 1921, *ainsi que du droit d'inscription de nantissement de fonds de commerce institué par l'article* 34 *de la loi du* 17 *Mars* 1909.

« *Les salaires et émoluments afférents à ces formalités seront dus suivant les tarifs en vigueur.* »

Il résulte de ce texte que les seuls frais occasionnés par les inscriptions, renouvellements et radiations du privilège du Trésor seront les salaires et émoluments des conservateurs des hypothèques et des greffiers des tribunaux de commerce, ainsi que le prix des bordereaux (0 fr. 10 la formule) fournis par les receveurs de l'enregistrement et les conservateurs des hypothèques en ce qui concerne les inscriptions à prendre sur les immeubles.

Ces frais incombent au débiteur (art. 2155 du C. Civ.), donc au redevable de la contribution extraordinaire. Leur montant lui sera réclamé en même temps que le principal de l'impôt et les frais de poursuites (Circulaire de la comptabilité publique du 10 Août 1922, p. 32).

Les frais qui auraient été faits inutilement ou sans motif par l'administration resteront à la charge du Trésor : tels seraient, notamment, les frais d'inscriptions et de radiations du privilège destiné à garantir une imposition ultérieurement annulée pour le tout et définitivement.

CHAPITRE IV

MESURES DESTINEES A PROTEGER LES INTERETS DES TIERS

Nous rappelons tout d'abord :

1° que le Trésor ne possède pas le droit de suite à l'encontre des tiers de bonne foi qui ont acquis les immeubles, fonds de commerce et navires du redevable de la contribution avant la promulgation de la loi du 10 Août 1922 (art. 19, 1er alinéa de la loi) ;

2° que si le privilège du Trésor n'est pas inscrit dans les trois mois de la promulgation de la loi pour les contributions comprises dans les rôles déjà émis le 10 Août 1922, ou dans les trois mois de la publication des rôles pour les contributions comprises dans les rôles postérieurs, il dégénère en hypothèque et ne produit d'effet juridique qu'à partir de la date de l'inscription (art. 3 de la loi).

Mais l'effet du privilège inscrit dans le délai légal pouvant rétroagir, ainsi que nous l'avons vu, soit au jour de la mise en vigueur de la loi du 25 Juin 1920 (vis-à-vis des créanciers hypothécaires, par exemple), soit au jour de la promulgation de la loi du 10 Août 1922 (vis-à-vis des acquéreurs de bonne foi), les tiers, qui actuellement consentiraient un prêt hypothécaire à une personne non encore imposée à la contribution mais susceptible de l'être, ou qui achèteraient un immeuble, un fonds de commerce ou un navire appartenant à cette personne, pourraient ultérieurement être dépossédées de leur gage ou de leur bien par le Trésor qui exercerait son privilège à leur détriment.

Le législateur n'a pas voulu laisser subsister cet inconvénient éventuel et il a organisé une procédure qui permet aux tiers de s'assurer, avant de traiter, si le bien qui doit leur servir de gage ou leur être cédé est ou non à l'abri de toute mainmise de l'Etat.

Les règles de cette procédure sont fixées par les articles 7, 8, 9, 11, 12 et 13 de la loi du 10 Août 1922 qui sont ainsi conçus :

ART. 7. — *Quiconque voudra céder, sur un immeuble, un fonds de commerce ou un bâtiment de navigation maritime ou fluviale, un droit opposable au Trésor devra faire connaître l'acquisition ou le prêt projeté par une notification adressée au trésorier-payeur général du département dans lequel est situé l'immeuble ou le fonds de commerce, ou dans lequel se trouve le bureau d'immatricule des bâtiments de navigation. L'exploit contiendra l'indication des nom, prénoms, profession et domicile du vendeur ou de l'emprunteur, la désignation du bien qui doit être vendu ou donné en garantie du prêt, ainsi que le montant du prix de vente ou du prêt projeté. Il contiendra, en outre, l'avertissement que, pour conserver son effet vis-à-vis de l'acquéreur ou du prêteur, le privilège du Trésor devra être inscrit dans le mois de la notification.*

ART. 8. — *A l'exploit de notification devra être jointe une déclaration par laquelle le vendeur ou l'emprunteur :*

a) *Ou bien attestera qu'il n'est pas en instance d'imposition à la contribution extraordinaire sur les bénéfices de guerre et que, du 2 Août 1914 au 30 Juin 1920, il n'a pas réalisé des bénéfices le rendant passible de cet impôt ;*

b) *Ou bien fera connaître, par référence aux cotes inscrites à son nom, le montant de la contribution à laquelle il a été soumis et la partie de l'impôt qui a été payée, avec indication de la date des déclarations afférentes aux bénéfices non encore imposés et attestation que les bénéfices ainsi imposés et déclarés sont les seuls qu'il ait réalisés le rendant passible de la contribution.*

ART. 9. — *Dans tous les cas, le vendeur ou l'emprunteur indiquera, dans la déclaration prévue à l'article précédent, si, du 2 Août 1914 au 30 Juin 1920, il a exercé un commerce ou une industrie et s'il a pris part, comme associé ou simple intermédiaire, à des actes de commerce quels qu'ils soient. Dans cette dernière hypothèse, il fera connaître le siège du commerce ou de l'industrie exercée, celui de la société dont il aurait fait partie autrement que comme simple actionnaire, ou enfin le lieu où auront été accomplis les actes de commerce auxquels il a participé.*

ART. 11. — *Si dans le délai d'un mois à compter de la signification prévue à l'art. 7, le Trésor n'a pas inscrit son privilège, ce privilège cesse d'être opposable à l'acquéreur à condition que, dans le délai de six mois à compter de la signification, il ait réalisé l'acquisition et rempli les formalités nécessaires pour le rendre opposable aux tiers.*

ART. 12. — *A défaut d'inscription dans le délai d'un mois, le privilège du Trésor cesse également d'être opposable au prêteur, mais seulement en ce qui concerne la créance mentionnée dans la notification et à la condition que le prêt soit réalisé et que l'hypothèque ou le nantissement garantissant la créance soient inscrits dans les six mois de la notification prévue à l'article 7.*

ART. 13. — *Si, dans le délai d'un mois à partir de la notification prévue à l'article 7, le Trésor a inscrit son privilège, il ne sera opposable à l'acquéreur ou au prêteur que jusqu'à concurrence de la somme pour laquelle il a été inscrit, à la condition que la vente ou le prêt et les transcriptions ou inscriptions subséquentes aient été réalisées dans les six mois de la notification.*

La procédure dont les articles ci-dessus reproduits règlent le fonctionnement se résume dans l'obligation, pour l'emprunteur ou le vendeur, avant la réalisation de l'opération de prêt ou de vente, de fixer le sort de l'immeuble, du fonds de commerce ou du navire à donner en gage ou à vendre, en ce qui concerne le privilège du Trésor susceptible d'être inscrit sur ces biens pour la garantie du paiement de l'impôt extraordinaire qui serait ultérieurement réclamé. Elle a pour objet de préserver l'immeuble le fonds de commerce ou le navire de toute action qui pourrait primer les droits du prêteur ou de l'acquéreur, les dits biens étant désormais définitivement soustraits à l'exercice du privilège du Trésor par le seul fait que celui-ci n'a pas inscrit son privilège dans le délai d'un mois à partir de la notification prévue par l'article 7.

Nous examinerons dans trois paragraphes distincts :
1° Quelles sont les personnes tenues de procéder à la purge préventive;
2° Comment s'effectue la purge préventive.
3° Le recours à la purge du droit commun.

1° Personnes tenues de procéder à la purge préventive

L'article 7, en employant la formule « *quiconque* voudra céder... », paraît vouloir imposer à tout emprunteur ou cédant l'accomplissement de la formalité qu'il édicte. C'est ce que certains orateurs n'ont pas manqué de faire remarquer à la séance du Sénat du 6 Juillet 1922 (J. Off. du 7, p. 1103 à 1108). Mais le mot « *quiconque* » a été maintenu pour bien montrer aux intéressés qu'il n'était pas possible de déterminer, dans la loi, les personnes à qui s'appliqueraient les prescriptions légales, puisque l'Administration peut encore réclamer la contribution extraordinaire à des redevables qui n'ont fait aucune déclaration et dont elle ne sait pas encore s'ils ont ou non réalisé des bénéfices taxables, et aussi à des redevables qui ont été taxés, qui ont payé la contribution déjà fixée, mais à qui un complément d'impôt peut être demandé pour omission, fraude, etc...

A ces deux catégories de redevables éventuels qui ont été expressément visés dans la discussion sénatoriale que nous venons de rappeler, il faut ajouter les contribuables qui ont été imposés jusqu'au 31 décembre 1919 et qui ont acquitté intégralement leurs impositions, mais dont les bénéfices de 1920 n'ont pas encore été déterminés par la commission du premier degré qui a, jusqu'au 30 Juin 1923, pour statuer sur les déclarations des bénéfices afférents au premier semestre de 1920.

Dans ces divers cas (personnes n'ayant pas fait de déclarations mais susceptibles d'être imposées — redevables ayant réalisé des bénéfices supérieurs à ceux qui ont fait l'objet d'une contribution intégralement acquittée — contribuables qui ont déclaré leurs bénéfices de 1920 pour lesquels aucune taxation n'est encore intervenue), le Trésor ne peut prendre inscription en vertu de l'art. 1er de la loi du 10 Août 1922 puisque c'est l'existence d'un article du rôle non payé qui justifie cette inscription.

Mais les art. 7 et 11 combinés, ci-dessus reproduits, donnent au Trésor le droit de procéder à une inscription anticipée de son privilège lorsqu'il est mis en demeure de le faire par une personne dont l'exonération définitive de toute contribution extraordinaire n'est pas certaine.

Toutes les fois qu'un prêteur ou qu'un acquéreur est en pourparlers, en vue d'un prêt ou d'une vente, avec une personne qui est susceptible d'avoir réalisé des bénéfices de guerre taxables bien qu'elle n'ait pas été encore imposée, ce prêteur ou cet acquéreur doivent l'inviter à procéder à la *purge préventive* organisée par les art. 7 et suivants de la loi.

En réalité, le futur emprunteur ou vendeur doit même prendre les devants à cet égard : la loi exige qu'il fasse la notification prévue à l'art. 7, sous peine d'encourir les peines correctionnelles édictées par l'art. 10.

Le donateur doit également effectuer la purge préventive.

Des explications que nous venons de donner, il résulte que le « *quiconque* », tenu par l'art. 7 de procéder aux formalités de la purge préventive, s'applique à tous ceux qui ont réalisé, du 1er Août 1914 au 30 Juin 1920, des opérations de nature à les rendre passibles de la contribution spéciale pour des bénéfices supplémentaires ou extraordinaires, bien qu'aucun impôt ne leur soit réclamé, de ce chef, au moment où il est nécessaire pour eux de dégager leur situation vis-à-vis du Trésor.

2° Comment s'effectue la purge préventive

Le propriétaire, auquel s'applique l'art. 7, qui veut vendre ou hypothéquer son immeuble, fonds de commerce ou navire, doit :

a) faire notifier au Trésorier général du département de la situation du bien (département d'immatricule pour les bâtiments de navigation) un exploit contenant ses nom, prénoms, profession et domicile ; la désignation du bien ; le montant du prix de vente ou du prêt ; la sommation d'inscrire le privilège du Trésor dans le délai d'un mois. Bien que la loi soit muette à cet égard, il semble que les nom, prénoms et domicile du prêteur ou de l'acquéreur doivent figurer dans l'exploit (arg. art. 11 et 12) ;

b) joindre à cet exploit une déclaration attestant qu'il n'est pas en instance d'imposition et que, du 2 Août 1914 au 30 Juin 1920, il n'a pas réalisé de bénéfices le rendant passible de cet impôt ; — ou bien faisant connaître la date et le lieu des impositions, le montant de la contribution à laquelle il a été soumis et la partie de l'impôt qui a été payée, avec indication de la date des déclarations afférentes aux bénéfices non encore imposés et affirmation que les bénéfices ainsi imposés et déclarés sont les seuls qu'il ait réalisés le rendant passible de la contribution. La déclaration devra contenir, en outre, les précisions exigées par l'art. 9 reproduit ci-dessus.

Conformément aux prescriptions du 2e alinéa de l'art. 10, la signature du déclarant doit être légalisée par le maire ou le commissaire de police, ou certifiée par le notaire chargé de dresser l'acte translatif de propriété, l'acte de prêt ou l'acte constitutif de tout autre droit réel.

Si le propriétaire qui a procédé à la notification est imposé ou en instance d'imposition, le Trésorier général fait prendre, dans le mois de cette notification, inscription du privilège sur le bien qui devait servir de gage au prêteur ou qui devait être vendu. Les tiers qui se disposaient à consentir le prêt garanti par le bien dont il s'agit ou à réaliser l'acquisition de ce bien, savent donc que les droits du Trésor sur le dit bien leur seront opposables.

Au contraire, si rien ne permet au Trésorier-général de supposer que le propriétaire du bien destiné à servir de gage au prêteur ou à être vendu est passible de la contribution extraordinaire, aucune inscription n'est prise au profit du Trésor, et dans ce cas, à l'expiration du délai d'un mois à partir de la notification susvisée, le bien échappe définitivement à toute emprise du Trésor, dans les mains de l'acquéreur ou en opposition avec les droits hypothécaires du prêteur, si les conditions suivantes sont remplies : au cas de prêt, réalisation de l'opération et inscription de l'hypothèque ou du nantissement garantissant la créance dans le délai de six mois à partir de la notification prévue à l'article 7 ; au cas de vente, réalisation de l'acquisition et accomplissement de formalités nécessaires pour la rendre opposable aux tiers, notamment de la transcription, dans le même délai de six mois , au cas de donation, rédaction de l'acte et transcription dans le dit délai de six mois.

Ce que la loi exige, d'ailleurs, c'est qu'un contrat de prêt ou de vente liant les parties soit réalisé dans le délai qu'elle fixe, mais une interprétation trop stricte des termes employés par elle dépasserait certainement les intention du législateur. Ainsi, en matière de prêts consentis par le Crédit Foncier, il semble qu'il serait satisfait aux prescriptions légales par le fait de la signature du contrat conditionnel et de l'inscription subséquente dans les six mois de la notification, quand bien même l'acte de réalisation ne serait pas réalisé dans ce délai.

Il convient de remarquer, d'autre part, que l'article 12 limite l'effet de la purge, sur le bien donné en garantie au prêteur, au montant de la créance mentionnée dans la notification. Pour la garantie des autres créances que le prêteur pourrait avoir acquises contre l'emprunteur, le prêteur ne pourrait pas opposer son droit au Trésor si une nouvelle purge ne lui assurait pas la même sûreté pour ces nouvelles créances.

Il n'est pas moins vrai, cependant, que la purge préventive a pour effet de priver le Trésor d'un gage éventuel pour le cas où il découvrirait ultérieurement l'exigibilité d'une contribution extraordinaire à la charge de l'emprunteur ou du vendeur. C'est pour limiter le plus possible les risques courus par l'Etat à cet égard que la loi punit, dans l'article 10, de peines correctionnelles assez élevées, les fausses déclarations faites par l'emprunteur ou le vendeur dans le but de dissimuler l'existence de bénéfices le rendant passible de l'impôt.

3° — La purge du droit commun

La création du mode spécial de purge dont nous venons d'exposer la réglementation, et qui est exercé par le vendeur ou donateur, n'enlève pas à l'acquéreur ou donataire le droit de recourir à la purge de droit commun.

La Circulaire de la Comptabilité publique semble émettre quelque doute sur ce point. Néanmoins, elle prescrit au service de considérer *provisoirement* comme applicables à la purge du privilège du Trésor inscrit sur un immeuble les dispositions des articles 2181 et suivants du Code Civil qui régissent la purge des privilèges et hypothèques.

Ces réserves ne paraissent pas justifiées. En effet, au cours de la discussion qui a eu lieu à la Chambre des Députés, le 14 Février 1922, une proposition tendant à la suppression de quatre articles du projet de loi qui établissait une purge spéciale exclusive de celle du droit commun a été adoptée après un discours de M. Raynaldi qui invoquait principalement, à l'appui de sa demande de suppression de ces articles, l'utilité de maintenir la purge prévue par le Code civil : le rapporteur de la commission et le Ministre des Finances s'étant ralliés, sans formuler aucune restriction, à la proposition de M. Raynaldi, le maintien de la purge de droit commun dans le domaine d'application de la nouvelle loi se trouve implicitement reconnu.

L'Administration n'admet pas, d'ailleurs, en notre matière, la purge des hypothèques non inscrites qui préjudicierait aux droits du Trésor. Elle soutient, au contraire, que, malgré l'accomplissement après la vente des formalités de purge des hypothèques non inscrites, le Trésor peut exercer son droit de suite sur l'immeuble si, ultérieurement, l'ancien propriétaire venait à être imposé à la contribution extraordinaire sur les bénéfices de guerre.

En ce qui concerne les privilèges et hypothèques inscrits, la procédure de purge est tracée par les articles 2181 à 2192 du Code civil. L'acquéreur ou le donataire, après avoir fait opérer la transcription de l'acte de vente ou de donation, notifie son titre aux créanciers inscrits sur l'immeuble et, notamment, au cas où le Trésor a fait inscrire son privilège, au comptable qui a pris l'inscription. Cette notification doit contenir extrait du titre de l'acquéreur ou du donataire, désignation de l'immeuble, extrait de la transcription de l'acte de vente ou de donation ainsi qu'un tableau sur trois colonnes indiquant la date des hypothèques et celle des inscriptions, le nom des créanciers inscrits et le montant des inscriptions. Par le même acte, l'acquéreur ou donataire fait offre aux créanciers inscrits de payer sur le champ les dettes privilégiées et hypothécaires grevant l'immeuble jusqu'à concurrence du prix ou de la valeur du dit immeuble.

Si le comptable qui a reçu la notification laisse écouler les délais de surenchère, l'immeuble est purgé. Si, au contraire, l'Administration, jugeant le prix ou de la valeur d'estimation insuffisant, fait notifier à l'acquéreur ou au donataire une réquisition de mise aux enchères dans le délai prévu à l'article 2185 du Code civil, c'est la procédure de surenchère du dixième qui s'engage et qui aboutit au dessaisissement de l'acquéreur ou du donataire si l'adjudication n'est pas prononcée à son profit

Une procédure de purge analogue peut être employée par l'acquéreur du fonds de commerce du redevable de la contribution, mais, dans cette hypothèse, le délai pour faire surenchère est seulement de quinze jours à partir de la notification faite par l'acquéreur aux créanciers inscrits.

CHAPITRE V

MOYENS DONT DISPOSE LE REDEVABLE POUR SOUSTRAIRE TOTALEMENT OU PARTIELLEMENT SES BIENS A L'EXERCICE DU PRIVILEGE

Le redevable de la contribution extraordinaire peut affranchir du privilège du Trésor tout ou partie de ses immeubles, fonds et navires, soit en obtenant le cantonnement de ce privilège sur certains de ses immeubles, soit en fournissant à l'Etat créancier d'autres garanties.

I — Cantonnement du Privilège du Trésor

En droit commun, le débiteur dont les immeubles grevés d'inscriptions ont une valeur de beaucoup supérieure au montant des sommes dues par lui à ses créanciers inscrits est fondé à demander la réduction de ces inscriptions pour la portion excédant la garantie nécessaire aux créanciers (art. 2161 à 2165 du Code civil).

La loi du 10 Août 1922 a reconnu le même droit au redevable de la contribution extraordinaire, mais elle organise, à cet égard, une procédure différente de celle du droit commun.

Nous étudierons successivement dans quels cas il y a lieu à cantonnement et comment celui-ci est effectué.

1° *Dans quels cas il y a lieu à cantonnement.*

Aux termes de l'article 15 de la loi du 10 Août 1922, « lorsque la valeur « des immeubles du redevable sera notoirement supérieure au montant des « cotes mises en recouvrement, le débiteur pourra faire limiter les effets « du privilège sur des immeubles qu'il indiquera à cet effet, pourvu que « ces immeubles aient une valeur double du montant des cotes mises en « recouvrement. »

Il résulte de cette disposition que le redevable peut demander le cantonnement lorsque la valeur des immeubles qu'il possède dépasse le double du montant des cotes mises en recouvrement.

Les termes de l'article 15 sont tellement précis que l'impôt fixé, mais non encore mis en recouvrement — et à plus forte raison l'impôt présumé exigible d'après les travaux des commissions mais non encore fixé — ne saurait entrer en ligne de compte, à notre avis, pour l'estimation de la valeur *minima* des immeubles destinés à garantir les droits du Trésor.

L'Administration se prononce en sens contraire en invoquant les considérations suivantes :

Le Service estime possible de contester la légitimité des prétentions d'un débiteur qui réclamerait le cantonnement en faisant état uniquement du montant des articles inscrits à son nom sur des rôles émis, alors que, par ailleurs, il aurait été taxé à nouveau par une décision de la Commission du premier degré, laquelle ne pourrait donner lieu à émission d'un rôle avant l'expiration des délais légaux, ou même que ce débiteur serait en instance d'imposition nouvelle.

Il est précisé que l'expression en instance d'imposition nouvelle *vise exclusivement le cas où le contribuable aurait déjà été entrepris par la Commission de taxation, qui, étant sur la trace de dissimulation de bénéfices, aurait mis l'assujetti en demeure de produire sa comptabilité et des justifications.*

Votée pour assurer la sécurité des transactions immobilières et, notamment, dans l'intérêt du crédit hypothécaire, la loi n'a pu mettre à la disposition des débiteurs malhonnêtes un moyen d'organiser l'évasion de leur avoir saisissable, au moment même où les agents de l'assiette auront découvert des faits imposables, et, par conséquent, l'existence d'une créance du Trésor garantie par le privilège et où ils seront occupés à liquider cette créance.

De toute façon, avant d'autoriser un cantonnement du privilège sur des immeubles, les Trésoriers généraux rechercheront, dans le département du domicile actuel du contribuable et le cas échéant, auprès de leurs collègues du département de l'imposition, si le dit contribuable ne serait pas en instance d'imposition nouvelle.

En pareils cas, il y aurait lieu, tout en refusant le cantonnement, soit de publier immédiatement le rôle si ce rôle avait été émis, soit de provoquer une décision de la Commission du premier degré autorisant l'inscription (art. 4 de la loi) et de prendre inscription du privilège en vertu de l'un ou l'autre de ces titres.

Les immeubles sur lesquels le redevable entend faire porter le privilège du Trésor et dont la valeur doit dépasser le double du montant des cotisations mises en recouvrement ne doivent être grevés, à concurrence de cette valeur, d'aucune autre hypothèque, ni de servitudes, ni d'usufruit.

Les immeubles grevés d'hypothèque légale ne peuvent être affectés au cantonnement que s'ils sont complètement affranchis des hypothèques occultes, soit par une décision judiciaire en ce qui concerne les hypothèques légales de personnes en tutelle, soit, s'il s'agit de l'hypothèque légale de la femme mariée, par une renonciation de cette dernière à cette hypothèque dans un acte authentique et à la condition que le régime matrimonial résultant de son contrat de mariage ne s'y oppose pas.

2° *Comment s'effectue le cantonnement.*

Le cantonnement consiste, comme nous venons de le voir, dans la limitation de l'exercice du privilège du Trésor sur une partie des immeubles du redevable représentant une valeur au moins double du montant de la contribution extraordinaire restant à recouvrer.

Ce cantonnement peut être obtenu à l'amiable ou au moyen d'un arbitrage.

A. — *Cantonnement amiable.* — Le contribuable soumet au percepteur un projet de cantonnement indiquant la valeur à laquelle il estime le ou les immeubles qu'il offre spécialement en gage. Si le percepteur, détenteur du rôle, après s'être entouré des renseignements nécessaires, estime que cette valeur atteint le double des cotes mises en recouvrement, il fait des propositions d'acceptation au Trésorier général qui prend une décision écrite autorisant le cantonnement du privilège du Trésor sur les immeubles dont il s'agit.

B. — *Cantonnement par des arbitres.* — L'article 15 de la loi du 10 août 1922 organise comme suit la procédure de cantonnement par des arbitres :

« La valeur des immeubles offerts en garantie sera, à défaut d'accord, « déterminée par deux experts désignés, l'un, par le redevable, et l'autre « par le trésorier-payeur général du département ; en cas de désaccord « entre les experts, un tiers expert sera désigné par le président du Tri- « bunal civil du lieu de la situation des immeubles. Au cas de réduction « du privilège effectuée conformément au présent article, l'inscription men- « tionnera la limitation dont elle est l'objet et les autres biens du redevable « demeureront dégrevés du privilège du Trésor. »

Comme l'a fait remarquer le rapporteur de la commission de législation civile et criminelle à la séance du Sénat du 6 juillet 1922, bien que le texte légal emploie l'expression *d'experts*, cette procédure est, en réalité, une procédure d'arbitrage : « l'expertise, a-t-il dit, est un avis donné par des gens « qu'on considère comme compétents, avis soumis plus tard à une juri- « diction. L'arbitrage, au contraire, est une décision qui s'impose. On « pourrait se demander si, dans le cas d'un cantonnement, on a entendu « organiser une expertise ou un arbitrage. Je crois qu'en réalité, c'est de « l'arbitrage qu'il s'agit. Ce qui me permet de le dire, c'est qu'on a employé « l'expression « *arbitrage définitif* ». C'est donc la décision des arbitres « qui sera définitive. J'ajoute qu'on n'a point prévu la juridiction qui serait « chargée de donner son appréciation sur le travail des experts. Si l'on n'a « pas prévu de juridiction, c'est qu'il n'en existe pas et qu'il s'agit bien « d'un arbitrage. »

L'Administration des finances a recommandé aux Trésoriers généraux de choisir, autant que possible, comme experts, des conservateurs des hypothèques et des directeurs ou inspecteurs de l'Enregistrement ou des Contributions directes.

S'ils ne peuvent se mettre d'accord, l'arbitre qui aura mission de les départager sera désigné par le Président du Tribunal,

Les honoraires des experts et les frais de l'expertise ne demeurent à la charge du contribuable que si l'arbitrage définitif aboutit à faire attribuer à l'immeuble ou aux immeubles offerts une valeur inférieure au double des côtes mises en recouvrement. Ils sont alors considérés comme un accessoire de la créance d'impôt à recouvrer dans les mêmes conditions que la créance principale.

3° *Mode de calcul de la valeur des immeubles sur lesquels doit être cantonné le privilège du Trésor.*

L'Administration des Finances a prescrit au personnel chargé de procéder à l'estimation de la valeur vénale des immeubles sur lesquels le contribuable demande le cantonnement du privilège du Trésor, de s'inspirer des directives suivantes :

La Loi du 10 Août 1922 est muette en ce qui concerne les éléments à utiliser pour apprécier la valeur des immeubles.

Le cantonnement des privilèges et hypothèques est bien prévu par le Code civil au Livre III, titre XVIII, chapitre V « de la radiation et réduction des inscriptions », mais il convient de ne pas perdre de vue qu'aux termes de l'article 2098, alinéa premier, du Code Civil, « le privilège, à raison des droits du Trésor public et l'ordre dans lequel il s'exerce, sont réglés par les lois qui les concernent », *et que la loi du 10 Août 1922 a institué, dans son article 15, une procédure de cantonnement spéciale au privilège du Trésor sur les immeubles.*

Toutefois, en raison du désir si fréquemment exprimé au cours des travaux préparatoires de la loi de rapprocher les conditions d'exercice du privilège du Trésor sur les immeubles des conditions d'exercice des privilèges et hypothèques du droit commun, il semble possible, en l'espèce considérée, de raisonner par analogie et de s'inspirer des règles tracées par le Code pour l'appréciation de la valeur des immeubles.

En son article 2165, le Code Civil dispose que « la valeur des immeubles, dont la comparaison est à faire avec celle des créances est déterminée par quinze fois la valeur du revenu déclaré par la matrice du rôle de la contribution foncière, ou indiqué par la cote de contribution sur le rôle selon la proportion qui existe dans les communes de la situation entre cette matrice ou cette cote et le revenu pour les immeubles non sujets à dépérissement, et dix fois cette valeur pour ceux qui y sont sujets. Pourront néanmoins les juges s'aider, en outre, des éclaircissements qui peuvent résulter des baux non suspects, des procès-verbaux d'estimation, qui ont pu être dressés précédemment à des époques rapprochées, et autres actes semblables et évaluer le revenu au taux moyen entre les résultats de ces divers renseignements ».

Les éléments fournis par les matrices et par les rôles de la contribution foncière ont actuellement une valeur d'autant plus relative que, depuis la dernière révision décennale, la valeur des biens fonds a subi des modifications très importantes.

La valeur marchande d'un immeuble est susceptible de varier sous l'influence de nombreux facteurs et notamment sous l'influence des fluctuations des marchés des capitaux ; le taux du loyer des capitaux n'étant d'ailleurs pas seul à considérer et la dévalorisation de l'unité monétaire, ou, en d'autres termes, les fluctuations de la puissance d'achat du franc devant également entrer en compte.

A cet égard, le Code prescrit fort justement de s'aider, pour évaluer le revenu, de documents divers, à la condition qu'ils ne soient pas suspects, et de prendre la moyenne entre les résultats ainsi obtenus.

Les comptables se garderont donc de baser exclusivement leur évaluation sur les matrices et rôles fonciers ; ils considèrent les prix des ventes successives et des locations les plus récentes non seulement de l'immeuble à évaluer mais aussi des immeubles similaires situés dans la même région. Ils pourront, d'autre part, recueillir des éléments d'appréciation précieux auprès des agents de l'Enregistrement et des Contributions directes. (Circulaire de la comptabilité publique du 10 août 1922, pages 63 à 65).

II — Autres garanties fournies au Trésor

L'article 16 de la loi du 10 Août 1922 donne au redevable la faculté de soustraire ses immeubles, fonds et navires à l'exercice du privilège du Trésor, *en offrant les garanties énumérées dans le troisième alinéa de l'article* 19 *de la loi du* 25 *Juin* 1920 *pourvu que les garanties offertes aient une valeur double des cotes mises en recouvrement.* Aux termes de l'article 19 de la loi de 1920, « *ces garanties peuvent consister notamment soit en valeurs mobilières, soit en créances sur le Trésor, soit en obligtions dûment cautionnées, soit en nantissement de fonds de commerce, soit en affectation hypothécaire.* »

Les conditions imposées par l'administration pour l'admission de ces garanties diffèrent suivant la nature de celles-ci.

A. — *Valeurs mobilières.* — L'Administration n'accepte, en principe, pour être déposées en garantie, que les valeurs mobilières au porteur. Toutefois, lorsqu'il s'agit de valeurs qui, légalement ou statutairement, ne peuvent revêtir que la forme nominative, ou que le propriétaire demande expressément de maintenir sous la forme nominative en vue d'éviter un accroissement des charges fiscales, ces valeurs pourront être admises, mais elles devront faire l'objet d'un transfert pour garantie.

Lorsque les valeurs sont déposées dans une ville autre que celle où se trouve la trésorerie générale chargée d'instruire la demande, l'autorisation pourra être donnée, sur demande du contribuable transmise par cette dernière trésorerie générale, de remettre les valeurs au guichet de la trésorerie générale du département où se trouvent déposées lesdites valeurs.

Les titres donnés en garantie sont conservés par les Trésoriers généraux qui doivent procurer toutes facilités aux déposants pour toucher les coupons.

B. — *Créances sur le Trésor.* — Les certificats relatifs aux créances sur le Trésor doivent être rédigés en termes précis, indiquer le montant de la portion de la créance qui ne fait l'objet d'aucune constatation, ainsi que la caisse sur laquelle le payement sera assigné.

L'article 2 du décret du 30 Octobre 1920 prévoit que les créances contre le Trésor offertes en garantie devront faire l'objet d'une cession en forme : par cette expression, il faut entendre une cession satisfaisant aux conditions prévues par les articles 1689 et 1690 du Code civil.

En conséquence, le cédant devra :

1° Déposer son ou ses titres de créances contre le service qui a reçu la fourniture;

2° Faire signifier le transport à ce service par exploit d'huissier.

Mas l'Administration estime que limiter la cession en forme à ce seul cas serait exposer le Trésor à certains risques, attendu que, entre le moment où le demandeur en sursis offrirait sa propre créance contre le Trésor et le moment où cette créance devenue liquide pourrait entrer en compensation avec la dette d'impôts, ladite créance pourrait faire l'objet d'une nouvelle cession à un tiers. (Circulaire de la Comptabilité publique du 10 Août 1922, page 75).

C. — *Obligations cautionnées.* — En ce qui concerne cette garantie, l'Administration a transmis aux comptables les instructions suivantes :

Une attention spéciale doit être donnée aux « obligations cautionnées », expression qui doit d'ailleurs être prise dans le sens le plus large. Cette forme de garantie est, en effet, la plus simple, la plus pratique et la plus souple ; elle présente cependant des aléas en l'espèce.

La caution devra être fournie par une maison notoirement solvable, de préférence (mais non nécessairement) par une banque. En principe, la caution d'une personne ou d'une Société qui se trouve elle-même redevable de la contribution extraordinaire ne sera pas admise, à moins que ce redevable n'offre à son tour des garanties certaines permettant de faire face largement aux deux obligations.

Il y aurait intérêt à s'efforcer d'obtenir de la caution une stipulation formelle de solidarité avec le débiteur principal ainsi que la renonciation expresse au bénéfice de discussion.

Les titres d'obligations cautionnées seront reçus et conservés dans les mêmes conditions que les valeurs mobilières visées plus haut.

Quant à l'attestation qu'il y aurait lieu de délivrer au contribuable, il est inutile de prévoir un modèle. Il suffira que, sur papier à en-tête de la trésorerie générale, le Trésorier général rédige de sa main un certificat ainsi conçu et reproduisant les termes mêmes de la dernières phrase de l'article 16 :

« Le trésorier général soussigné certifie que les immeubles, navires et fonds de commerce dont est propriétaire M. X..., demeurant à ...., ne sont pas soumis éventuellement à l'inscription du privilège du Trésor.

« Le présent certificat est délivré dans les conditions prévues par l'article 16 de la loi du 10 Août 1922, et sous toutes réserves en ce qui concerne l'inscription légalement possible sur des rôles qui peuvent être mis en recouvrement jusqu'au 31 Décembre 1925. »

La dernière partie de la phrase finale et sous toutes réserves, etc., pourrait être supprimée pour les contribuables qui auraient fait des déclarations de bénéfices pour chacune des périodes d'imposition. Ces contribuables, en effet, ne peuvent plus être taxés par les Commissions du premier degré depuis le 30 Juin dernier. Toutefois jusqu'au 31 Décembre prochain, il y aura lieu de s'assurer que le contribuable n'est pas appelé à figurer sur des rôles à émettre.

D. — *Nantissement de fonds de commerce.* — L'Administration s'appuie sur les travaux préparatoires de la loi du 10 Août 1922 (1) pour soutenir que, à raison des variations considérables que subissent les prix de

---

(1) Conf. avis de la Commission de la législation civile et criminelle de la Chambre, N° 3666 de la session extraordinaire de 1921 et rapport de M. Henry Bérenger au Sénat. J. Off., doc. parl., 1er sem. 1922, annexe 458, p 513.

cessions de fonds de commerce, il n'est pas possible, en fait, d'admettre les biens de cette catégorie au nombre des garanties que peut offrir le redevable pour affranchir ses immeubles du privilège du Trésor.

E. — *Immeubles appartenant à des tiers.* — La dernière garantie prévue par l'article 19 de la loi du 25 Juin 1920 concerne le cas où le contribuable affranchit ses biens du privilège du Trésor en procurant à ce dernier une hypothèque sur les immeubles d'un tiers. Cette hypothèse se produira très rarement.

L'Administration n'accepte, en pareille occurence, que des immeubles affranchis de toute hypothèque légale.

Elle exige, de plus, que l'acte de constitution d'hypothèque soit notarié. Une expédition de cet acte, un certificat d'inscription de l'hypothèque et les certificats du conservateur établissant la situation hypothécaire de l'immeuble ou des immeubles du tiers donnés en garantie doivent être produits par le redevable à l'appui de sa demande.

L'hypothèque conventionnelle ainsi fournie au Trésor ne prend rang que du jour de son inscription.

Chapitre VI

ANNULATION DES ALIÉNATIONS FAITES EN FRAUDE DES DROITS DU TRÉSOR

Trois procédures différentes sont ouvertes à l'Administration :

1° — Droit de suite

Nous avons vu (Chapitre II *supra*) que le Trésor peut exercer le droit de suite :

dans tous les cas, à l'encontre des cessionnaires dont l'acquisition est postérieure à la mise en vigueur de la loi du 10 Août 1922 ;

contre les acquéreurs de mauvaise foi, lorsque la vente a eu lieu entre la promulgation de la loi du 25 Juin 1920 et celle de la loi du 10 Août 1922.

Dans cette seconde hypothèse, le droit de suite ne peut s'exercer dans les conditions du droit commun (articles 2169 et suivants du Code civil) puisque son exercice est subordonné à la reconnaissance, par le tribunal compétent, de la mauvaise foi du tiers acquéreur.

2° — Action paulienne.

Aux termes de l'article 1167 du Code civil, les créanciers peuvent « attaquer les actes faits par le débiteur en fraude de leurs droits ».

Cette action dite *action paulienne* est susceptible d'être exercée par le Trésor comme par tout autre créancier.

Pour qu'elle puisse être admise, deux conditions sont requises, savoir :

a) que l'acte attaqué ait causé préjudice au créancier ; il est nécessaire d'établir, dans notre espèce, que le redevable de la contribution est insolvable et que cette insolvabilité résulte, pour partie tout au moins, de l'acte litigieux.

La Circulaire de la Comptabilité publique du 10 Août 1922 prescrit, en conséquence, aux comptables de vérifier, très complètement la situation du débiteur et de n'engager l'action paulienne que si le recouvrement de la contribution ne peut être obtenu par d'autres moyens ;

b) que l'acte attaqué soit frauduleux.

S'il s'agit d'une donation, la preuve de la frande du donateur suffit.

Il en est autrement pour les aliénations à titre onéreux. La preuve du concert frauduleux non seulement du vendeur, mais aussi de l'acheteur, doit être apportée et les tribunaux ont pour principe, en cette matière, de n'admettre l'existence de la fraude que lorsqu'elle est établie par des preuves littérales.

D'après le rapport de M. Henry Bérenger au Sénat, ces exigences de la jurisprudence auraient favorisé la fraude des redevables de la contribution extraordinaire, les tribunaux n'ayant pas considéré comme suffisamment démonstratives « des présomptions nombreuses, précises, concordantes et « même un commencement de preuve de l'existence d'un concert frauduleux ».

C'est pour obvier à cet inconvénient que l'article 19, 2e alinéa, de la loi du 10 Août 1922 autorise expressément l'emploi des présomptions et de la preuve testimoniale ; il est ainsi conçu :

« *Dans le cas où l'aliénation intervenue postérieurement au* 13 *Janvier* 1916 *serait attaquée dans les conditions prévues par l'article* 1167 *du Code civil et l'article* 20 *de la loi du* 1er *Juillet* 1916, *comme faite en fraude des droits du Trésor, les juges pourront admettre, même en matière d'aliénation à titre onéreux, des présomptions graves, précises et concordantes. ainsi que la preuve testimoniale, quel que soit le prix de vente.* »

3° — Action en déclaration de simulation

L'Administration estime qu'elle peut également faire prononcer la nullité (radicale) des actes simulés qui auraient pour objet de soustraire certains biens du redevable de la contribution à l'action du Trésor. Cette nullité serait basée sur la disposition de l'article 1131 du Code civil : « L'obligation sans cause ou sur une fausse cause, ou une cause illicite ne peut avoir aucun effet. »

La convention qui aurait été passée dans le but de frustrer le Trésor, mais qui aurait, en apparence, un autre objet, aurait une cause similée, c'est-à-dire une fausse cause et rentrerait ainsi dans la catégorie des actes auxquels l'art. 1131 refuse tout effet juridique.

Cette application de l'art. 1131 est assez substile. L'action en simulation présenterait l'avantage, d'après la Circulaire administrative précitée, de ne pas être une action subsidiaire comme l'action paulienne et de comporter l'utilisation de tous les moyens de preuve.

On peut se demander si cet avantage est bien réel car il est souvent bien difficile d'établir la simulation que peut cacher un contrat de vente apparente.

Le terme *aliénations* employé par la loi doit être entendu dans un sens large : les apports en société peuvent être annulés dans les mêmes conditions que les ventes ou les donations.

Les fraudes commises par le contribuable peuvent entraîner, en outre de l'annulation des actes frauduleux, les sanctions pénales prévues par l'art. 20 de la loi du 1er juillet 1916 (emprisonnement de 3 mois à 2 ans et amende de 500 à 10.000 francs). Pour la preuve de ces fraudes, l'Administration dispose de la faculté d'utiliser les présomptions et les témoignages par application de la disposition du 2e alinéa de l'art. 19 de la loi du 10 Août 1922 reproduit ci-dessus.

Chapitre VII

SUBROGATION DES TIERS PRETEURS AU PRIVILEGE DU TRESOR

L'art. 17 de la loi du 10 Août 1922 dispose :

« *les tiers qui auront fourni des deniers pour l'acquittement de la contribution sur les bénéfices de guerre, soit spontanément, pour la sauvegarde de leurs intérêts, soit sur la demande de l'assujetti, seront subrogés de plein droit dans le bénéfice des inscriptions de privilège prises au profit du Trésor* ».

En vertu de ce texte, le tiers qui a payé la contribution extraordinaire due par une autre personne est subrogé aux droits du Trésor, pour l'exercice du privilège de ce dernier, dans les deux cas suivants :

1° s'il a payé spontanément en l'acquit du débiteur, pour sauvegarder ses propres intérêts ;

2° s'il a fourni au contribuable, sur sa demande, les deniers au moyen desquels il s'est libéré envers le Trésor.

La subrogation légale du tiers qui a désintéressé le Trésor étant ainsi limitée, l'Administration exige : dans le premier cas, la justification de l'intérêt que peut avoir ce tiers à effectuer le versement de l'impôt sans en avoir été sollicité par le contribuable ; dans le second cas, la production d'un acte de prêt passé devant notaire et dûment enregistré.

La partie versante doit veiller à ce que la quittance à elle remise par le Percepteur constate l'origine des deniers.

Aux termes de l'art. 18 de la loi du 10 Août 1922, « *les Conservateurs des hypothèques, greffiers des tribunaux de commerce ou receveurs principaux des douanes, seront tenus de mentionner les subrogations à la marge des inscriptions et d'opérer les radiations totales ou partielles de ces ins-*

criptions en vue d'une attestation dont la forme sera déterminée par le Ministre des Finances. Cette attestation sera établie par le percepteur et transmise par trésorier payeur général.

« *En cas de subrogation au profit d'un tiers, la radiation en sera opérée sur le vu de la mainlevée donnée dans les formes ordinaires par le créancier subrogé.* »

Lorsque le Trésor n'a été désintéressé qu'en partie, il conserve son privilège, pour ce qui lui reste dû, par préférence au tiers qui a effectué le paiement partiel.

CHAPITRE VIII

CONFLIT DU PRIVILEGE DU TRESOR AVEC LES PRIVILEGES DES AUTRES CREANCIERS

En droit commun, des conflits se produisent entre divers créanciers privilégiés et hypothécaires, dans des situations non réglées par le Code et c'est la jurisprudence qui est appelée, en pareil cas, à les résoudre et à fixer le rang dans lequel ces créanciers viennent à la distribution du prix des immeubles qui garantissent leurs créances.

De nouvelles difficultés sont à prévoir, à cet égard, dans l'exercice du privilège du Trésor en matière de contribution extraordinaire, par le fait de la création de la purge préventive. En effet, celle-ci a pour effet de donner aux acquéreurs et aux prêteurs hypothécaires au profit de qui elle est effectuée la certitude de ne pas être lésés par l'exercice du privilège du Trésor s'ils réunissent les conditions exigées par les articles 13 et 14 de la loi, tandis que les acquéreurs et prêteurs hypothécaires antérieurs peuvent être primés par le Trésor s'ils n'ont pas usé du même moyen pour sauvegarder leurs intérêts.

Envisageons, par exemple, le cas suivant : un industriel qui n'a pas encore été porté sur les rôles de la contribution a contracté, après la mise en vigueur de la loi du 25 Juin 1920, un emprunt hypothécaire de 50.000 francs au profit de Primus.

En Septembre 1922, donc après la promulgation de la loi du 10 Août 1922, l'industriel susvisé procède aux formalités de la purge préventive en vue d'un prêt de 100.000 francs que doit lui consentir Secundus, sans que le Trésor fasse inscrire son privilège dans le délai d'un mois prévu par l'article 12 de la loi.

Cet prêt est réalisé et l'hypothèque de Secundus régulièrement inscrite.

Ultérieurement, le Trésor relève une contribution extraordinaire de 200.000 francs à la charge de l'indusriel et il inscrit, dans les trois mois de la publication du rôle, son privilège, qui sera opposable à Primus, puisque celui-ci n'a acquis son droit d'hypothèque qu'après la mise en vigueur de la loi du 25 Juin 1920 et que le privilège du Trésor a été inscrit dans le délai fixé par l'article 3 de la loi. (Voir chapitre II *supra*).

La situation se présente donc ainsi : dans le classement des droits de ces trois créanciers hypothécaires, Primus doit venir avant Secundus puisque son inscription est antérieure à celle de ce dernier, mais il est primé par le Trésor, lequel ne doit être placé qu'après Secundus.

Comme l'a indiqué M. Pol-Chevalier à la séance du Sénat du 6 Juillet 1922, un moyen de régler ce conflit consiste, tout en respectant l'effet de la purge préventive vis-à-vis du Trésor, de n'attribuer à Secundus le montant de son inscription qu'à concurrence de la portion excédant les droits de Primus. Secundus savait, en effet, lorsqu'il a consenti son prêt, qu'il n'était pas le premier créancier hypothécaire, que l'immeuble était grevé par la créance de 50.000 francs de Primus. Si donc le prix de réalisation de l'immeuble hypothéqué est de 75.000 francs, Secundus a droit au tout à l'encontre du Trésor, mais il devra abandonner à Primus 50.000 francs, montant de la créance de ce dernier dont l'inscription est antérieure à la sienne.

Cette solution soulève des objections. Est-il justifié que la procédure de la purge préventive ait pour effet d'avantager non pas celui au profit de qui elle a été faite, mais un créancier antérieur qui devrait, en principe, être primé par le Trésor ?

D'autre part, lorsque le prix de réalisation est supérieur tout à la fois à la créance de Secundus et à la créance de Primus, la situation se complique encore : le Trésor entre en ligne puisque la limite posée par la purge préventive est dépassée et le droit de Secundus peut être exercé, attendu qu'il n'est plus paralysé par celui de Primus. Il paraît tout à fait inadmissible que Secundus ne touche rien, tout au moins si le montant de sa créance est supérieur à celui de la créance de Primus.

Il semble que, dans cette hypothèse la solution doivent être cherchée dans une répartition qui, tout en demandant des sacrifices à tous les créanciers, ne sacrifierait complètement les intérêts d'aucun.

La jurisprudence sera appelée à résoudre cette difficulté et d'autres de même nature que le législateur a entrevues, mais qu'il a jugé sage de ne pas trancher lui-même (1).

---

(1) A la séance du Sénat, M. de Lasteyrie, Ministre des Finances, répondant à M. Pol-Chevalier, s'est exprimé ainsi : « Nous ne pouvons pas, à propos de la discussion du présent projet de loi, avoir la prétention de refaire le Code civil. Ce n'est pas la première fois qu'on signale, entre les différents articles de Code civil relatifs au classement des privilèges, certaines antinomies et certaines difficultés. Pour l'instant, nous ne changeons rien au Code civil : il est ce qu'il est et nous n'avons pas la prétention de le refaire. Nous nous contenterons de donner au Trésor un rang. »

Chapitre IX

DATES D'EXPIRATION DE LA PERIODE D'INSCRIPTION DU PRIVILEGE DU TRESOR

La loi du 1er Juillet 1916 a fixé, pour l'imposition des bénéfices supplémentaires et extraordinaires, des dates extrêmes qui sont :

1° le 30 Juin 1922, pour les bénéfices des années 1914 à 1919 déclarés par le redevable dans les délais légaux ;

2° le 30 Juin 1923, pour les bénéfices de l'année 1920 déclarés dans le délai légal ;

3° le 30 Juin 1923, pour les suppléments de contribution provenant de la revision des amortissements, réserves et provisions ,

4° le 30 Juin 1925, pour les bénéfices réalisés par les contribuables qui n'ont pas fait de déclarations ou qui ont fait leurs déclarations après l'expiration des délais légaux.

Pour que le recouvrement de la contribution puisse être régulièrement poursuivi, il ne suffit pas que les commissions du premier degré aient déterminé le montant de l'impôt aux dates qui viennent d'être indiquées; il faut, de plus, que les rôles comprenant cet impôt aient été publiés au plus tard le 31 Décembre 1923 dans les trois premiers cas susvisés (contribuables ayant fait leurs déclarations dans les délais) et le 31 Décembre 1925 dans le quatrième cas (contribuables n'ayant pas fait leurs déclarations dans les délais prescrits par la loi).

Les délais limites énumérés ci-dessus ne jouent plus et, par suite, la contribution peut être fixée et mise en recouvrement après le 31 Décembre 1925 lorsqu'il s'agit :

a) d'impositions ou de suppléments d'impositions établis par des décision de la commission supérieure ;

b) d'impositions reconnues exigibles à la suite d'informations ouvertes pour dissimulations frauduleuses : ces impositions doivent être déterminées dans les six mois de la clôture de l'instruction ou d'une décision passée en force de chose jugée (article 2 de la loi du 29 Mai 1922).

La loi relative au privilège du Trésor devait-elle tenir compte de ces deux derniers cas exceptionnels et, par suite, s'abstenir de fixer un terme au delà duquel l'inscription de ce privilège ne serait plus possible, — ou devait-elle, au contraire, pour ne pas prolonger indéfiniment la menace qui pèse sur les biens des industriels et commerçants susceptibles d'être taxés, limiter la période d'inscription à une date laissant au fisc la possibilité, dans tous les cas normaux, d'inscrire utilement son privilège ?

La solution adoptée est une solution intermédiaire.

L'article 14 de la loi du 10 Août 1922 dispose :

Sauf en ce qui concerne les contribuables dont les impositions feront l'objet, aux dates ci-dessous indiquées, de pourvois devant la Commission supérieure, il ne pourra plus être pris d'inscription à l'effet de constater le privilège du Trésor :

1° à partir du 1er Avril 1924, pour les contribuables ayant souscrit leurs déclarations dans les délais impartis par les articles 4 et 5, de la loi du 1er Juillet 1916 ;

2° à partir du 1er Avril 1926, pour l'ensemble des contribuables.

La procédure instituée par les articles 7 et suivants de la présente loi ne s'appliquera donc, suivant le cas, que jusqu'à l'une ou l'autre des deux dates sus-indiquées.

Il résulte de ce texte que le droit pour le Trésor d'inscrire son privilège cesse :

le 31 Mars 1924, pour les contribuables qui ont souscrit leurs déclarations dans les délais légaux ;

le 31 Mars 1926, pour les autres contribuables,

à l'exception de ceux dont les impositions feront l'objet, au 31 *Mars* 1924 *ou au* 31 *Mars* 1926, *de pourvois devant la Commission supérieure.*

A cette dernière catégorie de contribuables, il semble que l'on doive assimiler, malgré le silence du texte, ceux qui ont été l'objet d'informations ouvertes pour dissimulations frauduleuses.

La loi créant une exception pour ces deux catégories de redevables sans fixer de dates, il y a lieu de décider que l'Administration n'est limitée par aucun délai pour prendre les inscriptions destinées à garantir le paiement des impositions fixées par la Commission supérieure ou résultant de la découverte de dissimulations frauduleuses.

Mais, il est à remarquer que les inscriptions ainsi prises après le 31 Mars 1926 n'auront aucun effet rétroactif : en effet, l'article 3 de la loi du 10 Août 1922 décide que *l'inscription devra être prise dans le délai de trois mois à partir de la promulgation de la présente loi en ce qui concerne les impositions comprises dans les rôles mis en recouvrement et dans les trois mois de la publication des rôles pour les titres à émettre jusqu'au* 31 *Décembre* 1925. Elle spécifie immédiatement après que, *à défaut d'inscription dans ce délai, le privilège du Trésor ne prendra rang, comme une hypothèque, qu'à partir de la date de l'inscription.*

Cet article constitue la seule disposition de la loi consacrant l'effet rétroactif de l'inscription du privilège du Trésor et il règle les conditions auxquelles est subordonné cet effet rétroactif. Il prévoit, à cet égard, deux catégories d'impositions : celles comprises dans des rôles émis au jour de la promulgation de la loi, et celles qui feront l'objet de rôles à émettre jusqu'au 31 Décembre 1925.

Les impositions qui figureront dans des rôles émis après le 31 Décembre 1925 restent donc en dehors des prévisions de l'article 3, du seul article qui fait remonter l'effet du privilège au 25 Juin 1920. Le sort de ces impositions, au point de vue de la garantie hypothécaire que leur offre la loi du 10 Août 1922, est contenu dans l'article 14 qui accorde uniquement au Trésor la faculté de prendre une inscription après le 31 Mars 1924 ou le 31 Mars 1926, suivant le cas.

N'ayant pas été inscrit dans le délai fixé par l'article 3, *le privilège du Trésor ne prend rang*, en pareil cas, *qu'à partir de la date de l'inscription* : ce sont les propres expressions de la phrase fiscale de cet article.

L'Administration, dans la Circulaire du 10 Août 1922, soutient que l'inscription prise après le 31 Mars 1926 pour la garantie d'impositions établies par la commission supérieure postérieurement à cette date rétroagit au jour de la mise en vigueur de la loi du 25 Juin 1920.

Cette thèse est nettement contraire au texte de la loi, comme nous venons de le montrer. Nous pensons, dès lors, que la jurisprudence n'acceptera pas cette interprétation et qu'elle n'accordera d'effet aux inscriptions postérieures au 31 Mars 1926, qu'à partir de leur date (1).

Chapitre X

IMMUNITES FISCALES EDICTEES PAR LA LOI DU 10 AOUT 1922

L'article 20 de la loi du 10 Août 1922 édicte diverses immunités fiscales qui se réfèrent, les unes aux droits de timbre et d'enregistrement, les autres à la taxe hypothécaire et au droit d'inscription de nantissement de fonds de commerce.

Pour l'application de ces dispositions légales, l'Administration de l'Enregistrement a adressé à son personnel les prescriptions suivantes :

« Tout d'abord sont dispensés du timbre et enregistrés gratis tous les actes concernant les inscriptions, mainlevées ou radiations faits en exécution de la loi.

D'une manière générale, il ne sera pas établi d'acte en vue de l'inscription du privilège, puisque le titre de la sûreté conférée au Trésor réside dans la loi ; il sera simplement joint aux bordereaux d'inscription, lors de l'accomplissement de la formalité, un extrait du rôle établi pour le recouvrement de la contribution. Cet extrait est affranchi du timbre.

Les consentements à mainlevée, qu'ils résultent d'actes authentiques ou sous seings privés, ou d'attestations délivrées par les comptables du Trésor, sont expressément dispensés du timbre ; s'ils sont par leur nature soumis à l'enregistrement, ils sont, en outre, affranchis tant du droit proportionnel que du droit fixe maximum institués, s'il s'agit d'immeubles, par la loi du 18 Août 1893, articles 19 et 20 (Instr. N° 2837), s'il s'agit de navires maritimes, par l'article 2 de la loi du 10 Juillet 1885 (Instr. N° 2834, § 9) et par l'article unique de la loi du 13 Juillet 1907 (Instr. n° 3.218), s'il s'agit de bâtiments fluviaux, par l'article 26 de la loi du 5 Juillet 1917 (Instr. N° 3580), et enfin, s'il s'agit de fonds de commerce, par l'article 35 de la loi du 17 Mars 1909 (Instr. N° 3272).

Au cas où ils constateraient une libération, ces actes seraient pareillement affranchis du droit de quittance, sans distinguer entre les quittances ordinaires ou les quit-

(1) Dans le même sens, voir l'article publié par M. Pierre Bayart dans le *Journal des Notaires*, 5 Octobre 1922, pages 616 à 619.

tances subrogatives ; on rappelle, sur ce dernier point, que s'agissant d'une subrogation légale, il ne saurait être question de percevoir le droit d'obligation à 1 % (Cass. 24 Déc. 1839, Instr. n° 1615, § 8 ; 27 Juin 1842, Instr. n° 1683, § 9).

D'autre part, les formalités opérées à la conservation sont exemptes de la taxe hypothécaire, soit lors de la prise ou du renouvellement des inscriptions, soit à l'occasion des mentions de subrogation ou de radiation. De même, les inscriptions de nantissement de fonds de commerce sont dispensées de la taxe instituée par l'article 34 de la loi du 17 Mars 1909 ; il sera donc inutile, en cas de renouvellement des inscriptions, de présenter les bordereaux au receveur, ainsi que le prescrit le deuxième alinéa de l'article 34 précité.

Enfin, selon la prévision expresse du dernier alinéa de l'article 29, les conservateurs ont droit aux salaires habituels à l'occasion de l'accomplissement des formalités opérées par leurs soins. Les quittances du montant de ces salaires sont d'ailleurs affranchies du timbre en vertu de la disposition générale du premier alinéa du même article, qu'elles soient délivrées pour ordre ou autrement. »

CHAPITRE XI

SECRET DES FORMALITES RELATIVES A L'APPLICATION DE LA LOI

L'article 5 de la loi du 10 Août 1922 dispose :

Les extraits délivrés aux tiers par le Conservateur des hypothèques, le greffier ou le receveur principal des douanes mentionneront l'inscription mais sans indiquer la somme pour laquelle elle garantit le privilège du Trésor. Seuls les extraits délivrés au redevable ou à son fondé de pouvoir spécial mentionneront les sommes garanties par le privilège.

La Direction générale de l'Enregistrement a prescrit, pour l'applicaton de ce texte, les mesures suivantes :

Cette disposition, dont le but est de protéger « le secret des affaires contre la curiosité intéressée ou simplement maligne des tiers » (rapport de M. Henry Bérenger, sénateur ; annexe N° 458 au procès-verbal de la séance du 30 Juin 1922, page 21), devra être appliquée à la lettre. Les conservateurs devront s'abtsenir, d'une façon absolue, de faire connaître, dans les états requis par des tiers, le montant en principal et accessoires pour lequel ont été prises les inscriptions du privilège du Trésor en matière de contribution extraordinaire sur les bénéfices de guerre. Dans la pratique, les dispositions des inscriptions ou des mentions marginales qui se réfèrent aux sommes garanties seront laissées en blanc sur les copies d'inscriptions ou sur les extraits succincts ; le motif de l'émission sera indiqué dans l'espace resté libre, et le surplus sera bâtonné.

La prohibition ne s'applique pas aux états requis par les débiteurs grevés ou par leurs fondés de pouvoirs, lorsque ceux-ci en demanderont personnellement la délivrance en justifiant de leur identité ou de leurs pouvoirs (Instruction du 11 Août 1922, n° 3753).

Texte de la loi du 10 Août 1922

Article premier.— Le privilège général du Trésor pour le recouvrement de la contribution extraordinaire sur les bénéfices de guerre ne pourra s'exercer à l'égard des tiers ayant acquis, postérieurement à la mise en vigueur de la loi du 25 Juin 1920, des droits de propriété ou d'usufruit, des privilèges, hypothèques ou autres droits réels sur les immeubles, les fonds de commerce, les navires construits ou en construction et les bâtiments de navigation intérieure de plus de 20 tonnes qu'à la condition d'avoir été rendu public par une inscription. Cette inscription sera prise au bureau de la conservation des hypothèques pour les immeubles, au greffe du tribunal de commerce pour les fonds de commerce et les bateaux de navigation intérieure, au bureau du receveur principal des douanes pour les navires.

Art. 2. — Sur la demande qui lui en sera faite par le percepteur par lettre recommandée avec avis de réception, le redevable devra fournir, dans un délai de 15 jours à compter de la date de l'avis de réception, une déclaration dans laquelle il fera connaître tous les immeubles et fonds de commerce dont il est propriétaire, avec l'indication précise de la situation de ces biens, tous les navires construits ou en construction et les bâtiments de navigation intérieure de plus de 20 tonnes qui sont sa propriété avec la désignation de chacun d'eux. Il devra faire connaître également tous les biens susvisés dont il était propriétaire au 25 juin 1920 avec la désignation de leurs acquéreurs.

Art. 3. — L'inscription devra être opérée dans le délai de trois mois à partir de la promulgation de la présente loi en ce qui concerne les impositions comprises dans les rôles mis en recouvrement et dans les trois mois de la publication des rôles pour les titres à émettre jusqu'au 31 décembre 1925. A défaut d'inscription dans ce délai, le privilège du Trésor sur les biens du redevable énumérés à l'article premier ne prendra rang, comme une hypothèque, qu'à partir de la date d'inscription.

Art. 4. — L'inscription du privilège du Trésor sera requise par le percepteur du lieu de l'imposition et elle sera opérée sur le vu d'un extrait des rôles de la contribution extraordinaire ou d'une décision de la commission de taxation. Elle énoncera les nom, prénoms, profession et domicile du redevable, et le montant des sommes conservées par le privilège. Elle grèvera de plein droit, et sans qu'il soit besoin de désignation spéciale, tous les immeubles ou tous les fonds de commerce du redevable situés dans la circonscription du bureau des hypothèques ou le ressort du tribunal de commerce. L'inscription prise sur les bâtiments de navigation maritime ou fluviale devra, en outre, contenir la désignation des bâtiments grevés.

Art. 5. — Les extraits délivrés aux tiers par le conservateur des hypothèques, le greffier ou le receveur principal des douanes mentionneront l'inscription mais sans indiquer la somme pour laquelle elle garantit le privilège du Trésor. Seuls, les extraits délivrés au redevable ou à son fondé de pouvoir spécial mentionneront les sommes garanties par le privilège.

Art. 6 — Le privilège du Trésor s'exercera avant tout autre, à l'exception des privilèges prévus par les articles 2101 et 2103 du Code civil et 191 du Code de commerce.

Art. 7. — Quiconque voudra céder sur un immeuble, un fonds de commerce ou un bâtiment de navigation maritime ou fluviale, un droit opposable au Trésor devra faire connaître l'acquisition ou le prêt projetés par une notification adressée au Trésorier payeur général du département dans lequel est situé l'immeuble ou le fonds de commerce, ou dans lequel se trouve le bureau d'immatricule des bâtiments de navigation. L'exploit contiendra l'indication des nom, prénoms, profession et domicile du vendeur ou de l'emprunteur, la désignation du bien qui doit être vendu ou donné en garantie du prêt, ainsi que le montant du prix de vente ou du prêt projeté. Il contiendra, en outre, l'avertissement que, pour conserver son effet, vis-à-vis de l'acquéreur ou du prêteur, le privilège du Trésor devra être inscrit dans le mois de la notification.

Art. 8. — A l'exploit de notification devra être jointe une déclaration par laquelle le vendeur ou l'emprunteur :

a) ou bien attestera qu'il n'est pas en instance d'imposition à la contribution extraordinaire sur les bénéfices de guerre et que, du 2 août 1914 au 30 Juin 1920, il n'a pas réalisé des bénéfices le rendant passible de cet impôt;

b) ou bien fera connaître, par référence aux cotes inscrites à son nom, le montant de la contribution à laquelle il a été soumis et la partie de l'impôt qui a été payée avec indication de la date des déclarations afférentes aux bénéfices non encore imposés et attestation que les bénéfices ainsi imposés et déclarés sont les seuls qu'il ait réalisés le rendant passible de la contribution.

Art. 9. — Dans tous les cas, le vendeur ou l'emprunteur indiquera, dans la déclaration prévue à l'article précédent, si, du 2 Août 1914 au 30 Juin 1920, il a exercé un commerce ou une industrie, et s'il a pris part, comme associé ou simple intermédiaire, à des actes de commerce quels qu'ils soient. Dans cette dernière hypothèse, il fera connaître le siège du commerce ou de l'industrie exercée, celui de la société dont il aurait fait partie autrement que comme simple actionnaire ou enfin le lieu où auront été accomplis les actes de commerce auxquels il a participé.

Art. 10. — Au cas de défaut de la déclaration prévue à l'article 2 et au cas de déclarations inexactes dans les cas prévus aux articles 2, 8 et 9, le contrevenant sera puni d'un emprisonnement de trois mois à deux ans et d'une amende de 500 à 20.000 frs ou de l'une de ces deux peines seulement. L'article 463 du Code pénal est applicable

La signature du déclarant devra être légalisée par le maire ou le commissaire de police ou certifiée par le notaire chargé de réaliser la vente, le prêt ou la constitution de tout autre droit réel.

Art. 11. — Si, dans le délai d'un mois à compter de la signification prévue à l'article 7, le Trésor n'a pas inscrit son privilège, ce privilège cesse d'être opposable à l'acquéreur à condition que, dans le délai de six mois à compter de la signification, il ait réalisé l'acquisition et rempli les formalités nécessaires pour le rendre opposable aux tiers.

Art. 12. — A défaut d'inscription dans ledit délai d'un mois, le privilège du Trésor cesse également d'être opposable au prêteur, mais seulement en ce qui concerne la créance mentionnée dans la notification et à la condition que le prêt soit réalisé et que l'hypothèque ou le nantissement garantissant la créance soient inscrits dans les six mois de la notification prévue à l'article 7.

Art. 13. — Si, dans le délai d'un mois à partir de la notification prévue à l'article 7, le Trésor a inscrit son privilège, il ne sera opposable à l'acquéreur ou au prêteur que jusqu'à concurrence de la somme pour laquelle il a été inscrit, à la condition que la vente ou le prêt et les transcriptions ou inscriptions subséquentes aient été réalisés dans les six mois de la notification.

Art. 14. — Sauf en ce qui concerne les contribuables dont les impositions feront l'objet, aux dates ci-dessous indiquées, de pourvois devant la commission supérieure, il ne pourra être pris d'inscription à l'effet de constater le privilège du Trésor :

1° — A partir du 1er avril 1924, pour les contribuables ayant souscrit leurs déclarations dans les délais impartis par les articles 4 et 5 de la loi du 1er Juillet 1916 ;

2° — A partir du 1er avril 1926, pour l'ensemble des contribuables.

La procédure instituée par les articles 7 et suivants de la présente loi ne s'appliquera donc, suivant le cas, que jusqu'à l'une ou l'autre des deux dates sus-indiquées,

A partir du 1er Janvier 1924, les contribuables ayant souscrit leurs déclarations dans les délais impartis par les articles 4 et 5 de la loi du 1er Juillet 1916 et dont les impositions ne feront pas l'objet de pourvois devant la commission supérieure pourront obtenir, en en faisant la demande dans les conditions prévues par les articles 7 et suivants, délivrance d'un certificat constatant qu'il ne peut plus être pris de nouvelle inscription sur leurs biens.

Art. 15. — Lorsque la valeur des immeubles du redevable sera notoirement supérieure au montant des cotes mises en recouvrement, le débiteur pourra faire limiter les effets du privilège sur les immeubles qu'il indiquera à cet effet, pourvu que ces immeubles aient une valeur double du montant des cotes en recouvrement. La valeur des immeubles offerts en garantie sera, à défaut d'accord, déterminée par deux experts désignés, l'un par le redevable et l'autre par le trésorier payeur général du département ; en cas de désaccord entre les experts, un tiers expert sera désigné par le président du Tribunal civil du lieu de la situation des immeubles. Au cas de réduction du privilège effectuée conformément au présent article, l'inscription mentionnera la limitation dont elle est l'objet et les autres biens du redevable demeureront dégrevés du privilège du Trésor.

En cas de refus par le Trésorier payeur général d'accepter la valeur indiquée pour le ou les immeubles offerts spécialement en gage par le contribuable, celui-ci ne sera tenu de supporter les frais d'expertise que si l'arbitrage définitif aboutit à faire attribuer à l'immeuble ou aux immeubles offerts une valeur inférieure au double des cotes en recouvrement.

Art. 16. — L'asujetti pourra s'affranchir du privilège du Trésor en offrant les garanties énumérées dans le troisième alinéa de l'article 19 de la loi du 25 juin 1920, pourvu que les garanties offertes aient une valeur double des cotes mises en recouvrement. En ce cas, il sera délivré à l'assujetti, par le Trésorier payeur général, une attestation faisant connaître que ses biens ne sont pas soumis éventuellement à l'inscription du privilège.

Art. 17. — Les tiers qui auront fourni des deniers pour l'acquittement de la contribution sur les bénéfices de guerre, soit spontanément, pour la sauvegarde de leurs intérêts, soit sur la demande de l'assujetti, seront subrogés de plein droit dans le bénéfice des inscriptions de privilège prises au profit du Trésor.

Art. 18. — Les conservateurs des hypothèques, greffiers des tribunaux de commerce ou receveurs principaux des douanes seront tenus de mentionner les subrogations à la marge des inscriptions en vue d'une attestation dont la forme sera déterminée par le ministre des Finances. Cette attestation sera établie par le percepteur et transmise par le Trésorier payeur général.

En cas de subrogation au profit d'un tiers, la radiation en sera opérée sur le vu de la mainlevée donnée dans les formes ordinaires par le créancier subrogé.

Art. 19. — En ce qui concerne les immeubles, navires et fonds vendus avant la promulgation de la présente loi, le privilège du Trésor ne sera pas opposable aux acquéreurs de bonne foi. Le privilège du Trésor est également primé, le cas échéant, par le privilège du vendeur de bonne foi.

Dans le cas où l'aliénation intervenue postérieurement au 13 Janvier 1916 serait attaquée dans les conditions prévues par l'article 1167 du Code civil et l'article 20 de la loi du 1er Juillet 1916, comme faite en fraude des droits du Trésor, les juges pourront admettre, même en matière d'aliénation à titre onéreux, des présomptions graves, précises et concordantes, ainsi que la preuve testimoniale, quel que soit le prix de vente.

Art. 20. — Tous les actes concernant les inscriptions, mainlevées ou radiations faits en exécution de la présente loi sont dispensés du timbre et enregistrés gratis.

Ils sont dispensés, en outre, de la taxe hypothécaire édictée par les articles 2 et 3 de la loi du 27 Juillet 1900, modifiée par les articles 4 et 5 de la loi du 30 Avril 1921, ainsi que du droit d'inscription de nantissement de fonds de commerce institué par l'article 34 de la loi du 17 Mars 1909.

Les salaires et émoluments afférents à ces formalités seront dus suivant les tarifs en vigueur.

Art. 21. — La présente loi est applicable à l'Algérie.

Imp. G. SAUTAI — Lille Le Gérant : F. VAN MOERKERCKE.

Table alphabétique des Matières

Table analytique des Matières

LILLE : :: :: :: :: ::
:: IMP. G. SAUTAI ::
46, Rue Gauthier-de-Châtillon

www.ingramcontent.com/pod-product-compliance
Ingram Content Group UK Ltd.
Pitfield, Milton Keynes, MK11 3LW, UK
UKHW020411220726
13923UKWH00004B/1879

9 782329 086316